Timm | Die Entdeckung der Currywurst

# Lektüreschlüssel XL

## für Schülerinnen und Schüler

Dieses Buch wurde klimaneutral gedruckt.

Alle $CO_2$-Emissionen, die beim Druckprozess unvermeidbar entstanden sind, haben wir durch ein Klimaschutzprojekt ausgeglichen, das sich für ein Klimaschutzprojekt in Brasilien einsetzt.

Nähere Informationen finden Sie hier:

Uwe Timm

# Die Entdeckung der Currywurst

Von Eva-Maria Scholz

Reclam

Dieser Lektüreschlüssel bezieht sich auf folgende Textausgabe:
Uwe Timm: Die Entdeckung der Currywurst. Novelle.
Vom Autor neu durchges. Ausg. 2000. 20. Aufl. München:
Deutscher Taschenbuchverlag, 2015.

Lektüreschlüssel XL | Nr. 15474
2017 Philipp Reclam jun. GmbH & Co. KG,
Siemensstraße 32, 71254 Ditzingen
Druck und Bindung: Eberl & Koesel GmbH & Co. KG,
Am Buchweg 1, 87452 Altusried-Krugzell
Printed in Germany 2021
RECLAM ist eine eingetragene Marke
der Philipp Reclam jun. GmbH & Co. KG, Stuttgart
ISBN 978-3-15-015474-8

Auch als E-Book erhältlich

www.reclam.de

# Inhalt

# Inhalt

# 1. Schnelleinstieg

| | | |
|---|---|---|
| **Autor** | | Uwe Timm, geboren am 30. März 1940 in Hamburg |
| **Erscheinungsjahr** | | 1993 |
| **Gattung** | | Novelle |
| **Erzählebene 1** (Rahmenerzählung) | Handlung | Die 86-jährige, erblindete Lena Brücker erzählt pulloverstrickend dem Ich-Erzähler ihre Geschichte (s. Erzählebene 2) |
| | Zeit | sieben Nachmittage 1988 (Gespräche mit Frau Brücker, Ausflüge, dazwischen Recherchen des Erzählers), einige Monate später, nach Frau Brückers Tod (Rückkehr des Erzählers in das Altersheim) |
| | Ort | Altersheim in Hamburg-Harburg (und andere Orte in Hamburg) |
| **Erzählebene 2** (Binnenerzählung) | Handlung | Die 43-jährige Lena Brücker versteckt gegen Ende des Kriegs den 24-jährigen desertierten Soldaten Hermann Bremer in ihrer Wohnung; es entwickelt sich eine (Liebes-)Beziehung; sie verheimlicht ihm wochenlang das Kriegsende, damit er sie nicht verlassen kann, und entdeckt nach seinem Verschwinden zufällig das Rezept der Currywurst |
| | Zeit | 29. April 1945 – Ende 1947 |
| | Ort | Brüderstraße (Wohnung von Frau Brücker) und andere Orte in Hamburg |

»Wer seine eigene Geschichte betrachtet, findet sie, sieht er genau hin, in viele Geschichten aufgesplittert.«[1] Dieser Satz Uwe Timms gilt gerade auch für die Novelle *Die Entdeckung der Currywurst*: Eigentlich steht eine ganz andere Geschichte im Fokus.

Der Ich-Erzähler spürt in Hamburg eine alte Frau im Altersheim auf, weil er einer Erinnerung aus seiner Kindheit nachgehen möchte. Er hält die mittlerweile erblindete über achtzigjährige Frau Brücker für die Erfinderin der Currywurst und möchte von ihr die Geschichte hören, die sich um diese Legende rankt. »Is ne lange Geschichte, sagte sie. Mußte schon n bißchen Zeit haben. [...] Vielleicht, sagte sie, kannste nächstes Mal n Stück Torte mitbringen. Ich mach uns n Kaffee« (15).

Geschichte in der Geschichte

An den sieben Nachmittagen, die der Erzähler bei Frau Brücker im Altersheim verbringt, erfährt er zunächst eine ganz andere Geschichte. Es ist die Erinnerung einer alten Frau an eine bewegte Episode ihres Lebens. Eine Episode, die in den letzten Tagen des Zweiten Weltkrieges beginnt und zur Geschichte einer ungewöhnlichen Liebe wird. Frau Brücker erzählt dem stellenweise ungeduldigen Zuhörer, der ja mit einer ganz anderen Intention zu ihr gekommen war, von ihrer Beziehung zu dem jungen Bootsmann Hermann Bremer, der fahnenflüchtig wird und sich bei ihr versteckt. Eine Beziehung, die nur vor der Kulisse des Ausnahmezustands Krieg überhaupt möglich

---

1 Uwe Timm, *Erzählen und kein Ende. Versuche zu einer Ästhetik des Alltags*, Köln 1993, 66.

wird und am Ende von einer Lüge zerstört wird, durch welche sie aber wiederum erst verwirklicht wurde.

Auch wenn zwischen der eigentlich als Vorgeschichte angekündigten Beziehung zu Bremer und der Erfindung der Currywurst eine Verbindung besteht, ist es doch erstere Geschichte, die den Kern der Handlung bildet. Frau Brücker will sich die langen Nachmittage im Altersheim verkürzen, »[m]an wartet ja auf nix« (15), die schönste Zeit ihres Lebens (vgl. 128) erzählend nochmals durchleben und verrät zum Schluss doch noch das Geheimnis der ersten Currywurst. Die vielen Geschichten verbinden sich für den Zuhörer, der zugleich selbst Erzähler ist, zu einem Gesamtbild – der Geschichte einer starken und selbständigen Frau in schwierigen Zeiten.

■ Erinnerungen einer starken Frau

*Die Entdeckung der Currywurst* aus dem Jahr 1993 gehört zu den erfolgreichsten Werken Uwe Timms. Ebenso wie der Erzähler im Altersheim stellt der Leser der Novelle schnell fest, dass es nicht um die schnörkellose Beantwortung einer trivialen Frage geht, sondern um eine komplexe Geschichte, die weit zurückreicht. Der Zugang zu dieser Geschichte fällt aufgrund der gut verständlichen Sprache zunächst nicht schwer, will man aber tiefer eintauchen in dieses Geflecht aus Erinnerungen, Zeitsprüngen, Erzählabsichten, Anspielungen und Motiven, ist eine intensive Beschäftigung mit dem Text und auch das Verständnis einiger historischer Hintergründe unerlässlich.

## 2. Inhaltsangabe

### Kapitel 1

Das erste Kapitel (7–39) dient nicht nur der Vorstellung von Figuren sowie Ort und Zeit der Handlung, es begründet vor allem die Erzählabsicht: Hier informiert der Ich-Erzähler darüber, wie es ihm in den Sinn gekommen ist, Nachforschungen über die Entdeckung der Currywurst anzustellen.

■ Begründung der Erzählabsicht

Der Ort der Handlung ist Hamburg. Hier ist der Ich-Erzähler aufgewachsen, und hier steht auch über Jahrzehnte der Imbissstand von Lena Brücker, die im selben Haus wie seine Tante wohnte und am Küchentisch die abenteuerlichsten Geschichten zum Besten gab – faszinierende Geschichten über die schillernde Kundschaft aus »Schwarzmarkthändlern, Schauerleuten, Seeleuten, […] kleinen und großen Ganoven, […] Nutten und Zuhältern« (10). Auch noch als Erwachsener – er lebt seit langer Zeit in München – isst der Erzähler bei jedem seiner Besuche in Hamburg eine Currywurst bei Frau Brücker. Der Erzähler gesteht, dass er nur wegen Frau Brückers Currywurst noch in sein altes Viertel käme (vgl. 7). Als Frau Brückers Bude eines Tages vom Großneumarkt verschwunden ist, endet diese Tradition. Streit »unter Kennern« (9) über den Entstehungsort und die Entstehungszeit der ersten Currywurst bringt den Erzähler schließlich dazu, seinen Kindheitserinnerungen an Frau Brücker und ihre Currywurst nachzuspüren. Er befragt Bekannte

■ Ort der Handlung

und Verwandte, ehemalige Nachbarn von Frau Brücker, doch keiner weiß etwas Näheres. Der Erzähler findet sie schließlich in einem Altersheim in Harburg, wo sie, mittlerweile erblindet, zunächst leugnet, die Erfinderin der Currywurst zu sein. Der Erzähler ist enttäuscht und wünscht sich, gar nicht erst mit den Nachforschungen begonnen zu haben. »Ich hätte dann weiter eine Geschichte im Kopf gehabt, die eben das verband, einen Geschmack und meine Kindheit« (14). Frau Brücker lenkt dann aber ein und erklärt, doch die Currywurst erfunden zu haben, es würde ihr nur niemand glauben und es sei eine »lange Geschichte« (15).

Eine »lange Geschichte«

Siebenmal besucht der Erzähler Frau Brücker daraufhin im Altersheim. Strickend erzählt sie »stückchenweise, das Ende hinausschiebend, in kühnen Vor- und Rückgriffen« (16) ihre Geschichte. Der Erzähler kündigt an, dass er das Erzählte kürzen, zusammenfassen und »begradigen« (ebd.) müsse. Er lässt die Geschichte am 29. April 1945 beginnen – unmittelbar vor dem Ende des Zweiten Weltkrieges. Die Engländer stehen kurz vor Hamburg, aber trotz der aussichtslosen Lage lautet der Befehl, die Stadt »bis zum letzten Mann« (16) zu verteidigen. Dieser Befehl führt auch den 24-jährigen Hermann Bremer, eigentlich Bootsmann und stationiert in Oslo, nach Hamburg. Nach dem Heimaturlaub in Braunschweig bei seiner Frau und seinem einjährigen Sohn, den er dort zum ersten Mal gesehen hat, wird er auf der Rückreise zu einer Panzerjagd-Einheit abkommandiert, um im

entspricht realer Historie

11

**■ Die erste Begegnung mit Bremer**

Endkampf vor Hamburg eingesetzt zu werden (vgl. 17). An seinem letzten Abend vor Dienstantritt bei der neuen Einheit kommt er in der Kinoschlange mit der wesentlich älteren Lena Brücker ins Gespräch. Sie setzen sich nebeneinander in den Kinosaal, bereits nach kurzer Zeit ertönen aber die Luftschutzsirenen. Bremer folgt Lena Brücker in den Luftschutzraum, wo sie ihre Unterhaltung fortsetzen. Nach der Entwarnung gehen sie gemeinsam in die Brüderstraße in Lena Brückers Wohnung.

Hier unterbricht Frau Brücker ihre Erzählung und das Stricken an einem Pullover und zeigt dem Erzähler ein Fotoalbum. Er blättert durch die Seiten und sieht Fotos von Frau Brücker, ihren Kindern und ihrem Ehemann; ein Bild von Bremer gibt es nicht.

Dann kehrt die Erzählung zurück in das Jahr 1945. Frau Brücker schildert, wie Bremer und sie es sich in ihrer Küche gemütlich gemacht haben (vgl. 26). Als Bremer seinen Mantel ablegt, fällt Lena Brücker das **Reiterabzeichen** an seiner Uniform auf, dessen Geschichte sie im Gegensatz zu seinen Kriegserlebnissen gerne hören möchte (vgl. 30 f.). Als sie auf ihre Familienverhältnisse zu sprechen kommen, verneint Bremer, eine Frau zu haben, und Lena Brücker erzählt ihm zwar von ihrem sechzehnjährigen Sohn, das Alter ihrer Tochter (zwanzig) verschweigt sie aber, da sie fürchtet, er könne sie für alt halten (vgl. 32). Bremer erfährt außerdem, dass ihr Ehemann seit sechs Jahren fort ist.

Die alte Frau Brücker berichtet nun davon, wie sie

**■ Reiterabzeichen**

*Halbwahrheiten Lüge Bremers*

ihren Mann kennengelernt, Kinder bekommen hat und im Krieg in die Kantine der Lebensmittelbehörde dienstverpflichtet wurde (vgl. S. 33 f.).

Wieder zurück bei Bremer, berichtet sie, wie die beiden den nächsten Fliegeralarm ignorieren, mit Wein und Schnaps in der Wohnung bleiben und schließlich gemeinsam zu Bett gehen. Sie macht ihm das Angebot, über diese eine Nacht hinaus »ganz« (36) bei ihr zu bleiben. Bremer schläft ein, ohne sich dazu zu äußern. Als am nächsten Morgen der Wecker klingelt, steht er zunächst auf, während des Anziehens zieht die reelle Gefahr, der er sich an der Panzerfaust aussetzen wird, vor seinem inneren Auge vorbei. Lena Brücker streckt die Hand nach ihm aus, und er legt sich zurück ins Bett. »So wurde er, Hermann Bremer, ein Bootsmann, fahnenflüchtig« (39).

■ Fahnen-
flucht

## Kapitel 2

Die dreißig Seiten des zweiten Kapitels (40–70) erzählen von Bremers erstem Tag als Deserteur, versteckt in Lena Brückers Wohnung. Es ist der 30. April 1945. Bremers Tag wird von der alten Frau Brücker immer wieder unterbrochen, um die Erzählung in verschiedene Richtungen auszuweiten und weitere Hintergründe zu beleuchten.

Das zweite Kapitel schließt nahtlos an das erste an: Bremer steigt zurück zu Lena Brücker ins Bett, seine verzweifelte Gefühlslage wird aufgezeigt. »Bremer hatte Angst; er hatte Angst bei Lena Brücker zu blei-

ben, und er hatte Angst, an die Front zu gehen« (41).
Er wälzt die Frage, ob er wirklich liegen bleiben oder
doch noch versuchen solle, seine Einheit zu errei-
chen, hin und her. Er versucht abzuwägen, welche der
beiden Optionen ihm bessere Überlebenschancen
bietet (vgl. 43). Schließlich schläft er wieder ein und
wacht erst zur Mittagszeit auf. Lena Brücker ist längst
bei der Arbeit, also betrachtet Bremer – ergeben in die
Situation – am Fenster stehend die unten liegende
Straße. In den beobachteten Szenen entdeckt er zahlreiche Indizien dafür, dass der Krieg verloren ist, beispielsweise einen Hauptmann, der ein Einkaufsnetz
mit Kartoffeln trägt (vgl. 44). Schließlich findet er alte
Zeitschriften und beginnt, in der Wohnung festsit-
zend zur Untätigkeit verdammt, ein Kreuzworträtsel
zu lösen. Er kann sich nie lang vom Anblick der Straße
abwenden und entdeckt so auch die heranfahrenden
SS-Soldaten, die sich mit einer Frau unterhalten, die
dann in seine Richtung deutet. Bremer überfällt eine
namenlose Panik, er erwägt zu fliehen, sich zu verstecken, einen Hinterausgang zu suchen. Er befürchtet kurz, dass Lena Brücker ihn verraten habe, schließlich kennen sie sich kaum, und auf das Verstecken
von Fahnenflüchtigen steht die Todesstrafe. Doch es
bleibt still im Treppenhaus, und so beruhigt er sich
wieder.

Bevor erzählt wird, wie Lena Brückers Tag wäh-
renddessen verläuft, macht die alte Frau Brücker einen Ausflug in das Jahr 1943, in dem sie während einer
Silvesterfeier die ihren Angaben zufolge einzige sexu-

*Bremer ist hin- und hergerissen*

elle Begegnung mit einem anderen Mann erlebt hat
(vgl. 48). Es ist allerdings eine vorwiegend negativ
konnotierte Erinnerung, die einem Vergleich mit Bremer nicht standhält: »Mit Bremer wars anders, ganz
anders« (50). Der Zivildienstleistende Hugo unterbricht diesen Exkurs mit der fälligen Medikamenten-
einnahme, und der Erzähler nutzt die Pause, um Frau
Brücker wieder auf sein eigentliches Anliegen zurückzubringen: »Hatten Sie den Curry in der Kantine?«
(51). Doch Frau Brücker ist noch lange nicht bei der
Currywurst angekommen und kehrt unbeirrt zu ihrem Arbeitstag in der Kantine zurück.

■ Unange-
nehme
Erinnerung

Der Koch Holzinger setzt Lena Brücker davon in
Kenntnis, dass der Gauredner zu Besuch komme, um
»eine Durchhalterede abzulassen« (52). Holzinger
möchte den Arbeitern einer Batteriefabrik eine weitere Rede ersparen und präpariert das Mittagessen entsprechend. Der Leser erfährt, dass das nicht Holzin-
gers erste Sabotageaktion ist (vgl. 52 f.).

■ Sabotage
am Herd

Zu Hause erwartet Bremer Lena Brücker. Er ist ge-
waschen und frisch rasiert, hat sich trotz »Hausarrest«
adrett gekleidet. Lena Brücker stellt einen angeneh-
men Kontrast zu ihrem Ehemann Gary fest, der sich
immer nur zurechtmachte, wenn er ausging. Sie und
Bremer schlafen miteinander. Anschließend setzt Lena Brücker Kartoffeln auf und erzählt Bremer wäh-
renddessen von ihrem Onkel, der die Herkunft einer
Kartoffel schmecken konnte. Auf Bremers Ungläubigkeit reagiert sie mit einer auf die Zukunft bezogenen
Bemerkung (»warte ab, bis er [der Onkel] wieder da ist

**Unbedachte Bemerkung**

[von der Front, nach Kriegsende]«; 59), die beide stutzen lässt: »Es war ihr nur so rausgerutscht, das *warte ab*, verriet ihm aber, daß sie in die Zukunft dachte, das heißt, wahrscheinlich auch plante« (ebd.). Frau Brücker versichert dem Erzähler, dass sie selbst darüber erstaunt gewesen sei. Sie hätte gar nicht – zumindest nicht bewusst – an eine gemeinsame Zukunft gedacht, merkte aber nun selbst, dass sie insgeheim hoffte, er würde bleiben (vgl. 60).

**Unerwünschter Besuch**

Als es plötzlich unerwartet klingelt, versteckt Bremer sich in einer Kammer, und Lena Brücker lässt in aller Eile Bremers Sachen verschwinden. Blockwart Lammers verlangt lautstark Einlass und inspiziert die Wohnung unter dem Vorwand, die Verdunkelung überprüfen zu müssen. Er fragt sie, ob ihr Sohn da sei, da er Stimmen gehört habe, zudem hätten sich Bewohner des Hauses über nächtliche Geräusche beschwert. Lena Brücker komplimentiert ihn schließlich in aller Deutlichkeit zur Tür hinaus. Sie befreit den verängstigten Bremer aus der Kammer, der Schrecken ist beiden anzumerken. Die alte Frau Brücker erinnert sich, dass sie vor Sorge nichts essen konnte. Die Gefahr war nicht vorbei, schließlich hatte Lammers einen Schlüssel und konnte jederzeit die Wohnung betreten. Sie erzählt die Geschichte des Blockwarts Lammers, der aufgrund seines Glaubens an Seelenwanderung und Wiedergeburt früher von niemandem ernst genommen, sondern nur belächelt wurde. Als sich jedoch ein Nachbar umbringt, nachdem er wegen regimefeindlicher Äußerungen verhaf-

tet worden war, verdächtigen alle Lammers des De-
nunziantentums. Er wird nicht mehr belächelt, sondern gehasst, eine Rolle, die er schließlich annimmt.
Er verschafft sich als Blockwart Respekt in der Nachbarschaft, indem er die Menschen mit Fragen und Un-
terstellungen bedrängt und bespitzelt. Das Kapitel
endet mit der Absprache zusätzlicher Vorsichtsmaß-
nahmen.

## Kapitel 3

Das dritte Kapitel (71–85) umfasst Bremers zweiten
Tag in der Wohnung von Lena Brücker, spielt also am
1. Mai 1945. Der Tagesablauf wiederholt sich: Lena Brücker ist bei der Arbeit in der Kantine, Bremer beschäf-
tigungslos zu Hause in ihrer Wohnung. Wieder blickt
er aus dem Fenster, wieder versucht er sich an einem
Kreuzworträtsel. Mittags, als für wenige Stunden der
Strom angeschaltet wird, versucht er vergeblich, Lena
Brückers Radio zu reparieren. Er möchte wissen, wo
sich die alliierten Truppen befinden. Auf der Suche
nach einer Ersatzröhre durchstöbert er Lena Brückers ■ Privat-
Wohnung, die Suche verselbständigt sich zuneh-      sphäre?
mend. Er findet Spuren ihres Lebens in Form von Fotos und Briefen, die er ungeniert anschaut und liest. So
erfährt der Leser, dass es in Lena Brückers Leben doch
noch einen weiteren Mann gegeben haben muss:
Klaus Meyer, einen Vertreter für Knöpfe (vgl. 75 f.). Im
Schlafzimmer findet Bremer die edlen Anzüge von Lena Brückers Ehemann und probiert sie an, begeistert

■ Lammers kehrt zurück

von der Qualität des Stoffes. Während er sich selbst im Spiegel betrachtet, klopft es leise an der Tür. Bremer schließt sich samt seinen herumliegenden Uniformteilen sofort in der Kammer ein, kurz darauf tritt Lammers herein. Bremer hört, wie Lammers die Wohnung durchstreift, er rüttelt sogar an der abgeschlossenen Kammertür. Bremer weiß nicht, dass Lena Brücker vor Lammers letztem Besuch sein Rasierzeug aus dem Bad hat verschwinden lassen, und ist sich nun sicher aufzufliegen. Da er das Rasierzeug nach Lammers Abgang nicht finden kann, geht er davon aus, dass dieser es mitgenommen hat und schon bald mit einer Wehrmachtsstreife aufkreuzen wird (vgl. 78).

Als Lena Brücker nach Feierabend nach Hause kommt, wird sie im Treppenhaus von der <mark>Nachbarin Frau Eckleben</mark> abgefangen. Diese konfrontiert Lena Brücker damit, dass sie in ihrer Wohnung Schritte gehört habe. Lena Brücker schafft es, die neugierige Nachbarin mit einer halbseidenen Ausrede abzuwimmeln, und erschrickt zunächst, als sie ihre Wohnung betritt: Sie steht vermeintlich ihrem Mann gegenüber. Als sie Bremer im Anzug ihres Ehemannes erkennt, beruhigt sie ihn wegen des Rasierzeugs. Statt Kartoffeln gibt es Reis zum Abendessen, und Bremer fragt sie, ob sie auch <mark>Curry</mark> habe. Bei der Erwähnung des Gewürzes hakt der Erzähler sofort nach und wähnt sich seinem Ziel näher. Aber die alte Frau Brücker winkt ab, der Erzähler muss sich weiterhin gedulden. Stattdessen berichtet sie, wie Bremer damals überhaupt auf das exotische Gewürz gekommen sei. Mit 18 Jahren, kurz

*Erste Erwähnung Curry-Bremer*

■ Bremer erwähnt Curry – Ungeduld des Erzählers

vor dem Krieg, hat er als Maschinenassistent auf einem Dampfer eine Reise nach Indien unternommen. Dort isst er zum ersten Mal ein Fleischgericht mit Curry, was ihn nicht nur wie durch ein Wunder von seinem Hitzeausschlag heilt, sondern für ihn auch ein einzigartiges Geschmackserlebnis darstellt und ihn sein Heimweh vergessen lässt. »Hühnerfleisch mit Curry, das schmeckte [...] wie ein Garten. Geschmack aus ner andern Welt. Der Wind; die Schlange, die beißt; der Vogel, der fliegt; die Nacht, Liebe. Is wie im Traum« (82). Aber natürlich hat Lena Brücker zu Kriegszeiten keinen Curry im Haus, und so gibt es den Reis pur.

Als Bremer sich zum Rauchen einer Zigarre (Gary hatte nicht nur ein Faible für teure Kleidung, sondern auch für erlesene Zigarren) auf die Toilette zurückzieht, entdeckt Lena Brücker zufällig ein aus seiner Brieftasche gerutschtes Foto. Es zeigt Bremer mit einer hübschen jungen Frau und einem kleinen Kind, aufgenommen am 10. April 1945. Sie weiß jetzt, dass er sie angelogen hat (vgl. 84) und fragt ihn direkt, ob er verheiratet sei. Er verneint dies erneut. Trotzdem schläft sie mit ihm. In dieser Nacht ziehen sie vom Ehebett mit der Matratze auf den Küchenboden um – Frau Eckleben schläft direkt unter Lena Brückers Schlafzimmer und hämmert von unten gegen die Decke. Auf dem »Matratzenfloß« (85) wollen sie sich zum Kriegsende treiben lassen.

■ Das Familienfoto – Bremers Lüge

### Kapitel 4

■ Hitlers Tod
und die
Kapitulation
Hamburgs

Das vierte Kapitel (86–108) beginnt mit der Radiomeldung vom Selbstmord Hitlers am 1. Mai (historisch korrekt: 30. April) sowie der am Tag darauf folgenden Kapitulation Hamburgs (historisch korrekt: 3. Mai) und umfasst die Zeitspanne bis zum 5. Mai.

Lena Brücker erfährt von der Übergabe der Stadt an die Engländer während ihrer Schicht in der Kantine. Sie nimmt ihre Sachen und fährt nach Hause. Erst unterwegs realisiert sie, dass sie Bremer über das Kriegsende in Kenntnis setzen müsse, und beginnt sich auszumalen, welche Konsequenzen dies für ihre gemeinsame Situation haben werde. Sie stellt sich vor, dass Bremer sich sofort auf den Weg zu seiner Frau machen würde, von der sie ja offiziell nichts weiß. Sie ist sich sicher, nach Bremers Weggang endgültig alt zu sein

■ Verschwei-
gen des
Kriegsendes

Lüge Lena

(vgl. 89), und so beschließt sie, Bremer das Kriegsende zu verschweigen. Sie informiert ihn lediglich über den Tod des Führers.

In der Gegenwart des Harburger Altenheims fragt der Erzähler die alte Frau Brücker, ob sie kein schlechtes Gewissen gehabt habe, Bremer durch ihr Schweigen weiterhin in ihrer Wohnung zu behalten. Sie bestätigt, zunächst ihre Schwierigkeiten mit der Lüge gehabt zu haben, dann gesteht sie aber, dass es ihr zunehmend Spaß gemacht habe. Die Tatsache, dass auch Bremer sie angelogen hat, dient ihr ein Stück weit als Rechtfertigung (vgl. 91).

Am nächsten Morgen begegnet Lena Brücker Lammers im Treppenhaus, dessen Lebensinhalt durch den Tod des Führers und die »ehrlos[e]« (92) Übergabe der Stadt verlorengegangen ist. Sie nimmt ihm den Ersatzschlüssel für ihre Wohnung ab. Zurück bei Bremer, wird ihr zum ersten Mal ihre unterschiedliche Haltung in Bezug auf den Krieg bewusst, als Bremer ebenfalls auf die Bedeutung der Ehre pocht: »Verlieren wir den Krieg, verlieren wir unsere Ehre, sagte Bremer. Unsinn, auf die Ehre pfeif ich, sagte Lena Brücker« (92). Mit Begeisterung klammert sich Bremer an die Überzeugung, dass Deutschland nun gemeinsam mit England und den USA gegen Russland kämpfen werde. Anhand eines Atlasses, den Bremer in Lena Brückers Wohnzimmerschrank gefunden hat, illustriert er ihr, wie es nun weitergehen werde. In diesem Moment realisiert Lena Brücker, dass Bremer in ihren persönlichen Sachen, die sich zusammen mit dem Atlas im Schrank befunden haben, gewühlt haben muss. Sie ist sich sicher, dass er ihre privaten Briefe gelesen hat (vgl. 93 f.). Sein plötzlicher Stimmungswandel von der Begeisterung hin zur Niedergeschlagenheit darüber, dass er an diese Wohnung gefesselt ist und nicht Teil der Ereignisse sein kann, rührt Lena Brücker aber trotz ihrer anfänglichen Entrüstung. Später, auf dem Matratzenfloß, wundert sich Bremer über die ungewohnte Stille (vgl. 96).

> Unterschiedliche Einstellungen zum Krieg

Am nächsten Tag, es ist der 4. Mai, bittet Bremer Lena Brücker zu versuchen, für ihn eine Radioröhre zu organisieren. Er wünscht sich sehnlichst, an aktuelle Informationen über den Kriegsverlauf zu kom-

> Unbedingter Wunsch nach Informationen

men. Da diesbezüglich aber nichts zu machen ist und ihnen nichts anderes übrigbleibt, als in der Wohnung auszuharren (auch Lena Brücker kann nicht raus, die Engländer haben eine Ausgangssperre verhängt), vertreiben sie sich die Zeit auf der Matratze in der Küche. Lena Brücker erzählt Bremer von ihrem Ehemann Gary, der zunächst Barkassenführer im Hamburger Hafen war, dann aber aufgrund seiner nächtlichen Schmuggelgeschäfte, bei denen ihm eines Nachts auch Lena Brücker helfen musste, verhaftet wird und ein Jahr ins Gefängnis gesperrt wird. Wieder auf freiem Fuß, wurde er als Fernfahrer zum »Kapitän der Landstraße« (101), ein Job, der seine Fraueneskapaden nur begünstigte.

Als unten ein Lautsprecherwagen vorbeifährt und die Straße mit englischen Durchsagen beschallt, versucht Lena Brücker durch lautes Reden Bremer am Zuhören zu hindern. Er wird wütend, da er nichts verstehen kann, und stürzt ans Fenster, doch der Lautsprecher ist bereits verstummt (vgl. 104).

Als Bremer am nächsten Morgen, 5. Mai, aufwacht, stellt er fest, dass die Sperrstunde aufgehoben ist, und drängt Lena Brücker, sofort in die Stadt zu gehen und sich umzuhören. »Er drängte, als könne er es nicht abwarten, aus der Küche, aus der Wohnung zu kommen. Er ließ ihr nicht einmal Zeit, einen Kaffee zu machen, keine Umarmung« (105). In der Stadt sprechen die Leute über die Ankunft der Engländer, kurz darauf entdeckt sie selbst die ersten. Zurück in der Brüderstraße, sieht sie eine Menschenmenge vor ih-

■ Lammers' Selbstmord

rem Haus stehen, auch die Tante des Erzählers ist dabei. Ihr erster Gedanke lässt sie fürchten, dass Bremer der Grund für den Auflauf ist, aber dann erfährt sie, dass Lammers Selbstmord begangen hat (vgl. 107).

Zurück in der Wohnung, überlegt sie kurz, ob sie Bremer die Wahrheit sagen solle, der aber deutet die Präsenz der Engländer in der Stadt als Bestätigung seiner Theorie, dass es nun verbündet gegen die Russen gehe, und Lena Brücker widerspricht ihm nicht.

## Kapitel 5

Das 5. Kapitel (109–145) umfasst eine weitaus größere Zeitspanne als die bisherigen Kapitel, die sich einzelnen Tagen widmen. Bis zum Ende des Kapitels sind in etwa drei Wochen seit der Kapitulation Hamburgs vergangen (vgl. 142). Die Stimmung zwischen Bremer und Lena Brücker wird angespannter, während sie die Lüge vom Fortbestehen des Krieges weiter aufrechterhält und er zunehmend das Gefühl hat, in der Falle zu sitzen (vgl. 118).

In der Erzählgegenwart beginnt das Kapitel mit dem vierten Nachmittag, den der Erzähler in Frau Brückers Altersheim verbringt. An diesem Nachmittag erfährt er jedoch nichts Neues über die Currywurst, sondern erfüllt Frau Brücker den Wunsch nach einem Ausflug. Sie besuchen trotz des schlechten Wetters verschiedene Orte in der Stadt, die für Frau Brücker mit bedeutsamen Erinnerungen oder Gefühlen verbunden sind. Der Erzähler vermutet, dass sie den Regen im Gesicht

■ Ausflug in die Stadt

spüren und die Geräusche der Stadt von nahem hören wolle, nach der genauen Bedeutung der einzelnen Stationen wagt er nicht zu fragen (vgl. 111).

**Recherchen des Erzählers**

Am nächsten Tag befasst sich der Erzähler mit Recherchen. Er fragt einen befreundeten Ethnologen nach der Wirkung von Curry und erfährt, dass das Gewürz trotz zahlreicher Geschmacksvarianten durchaus ein Mittel gegen Niedergeschlagenheit sein könne. Diese Information bestätigt ihm die Wirkung, die der Curry in Indien auf Bremer gehabt haben soll (vgl. 112). Im Archiv der Hamburger Staatsbibliothek liest er zudem in den Zeitungsausgaben der Tage um die Kapitulation der Stadt.

**Zunehmende Anspannung Bremers**

Nachdem er wieder bei der alten Frau Brücker angekommen ist, erzählt diese von der zunehmenden Anspannung Bremers. Er kann es nicht erwarten, Neuigkeiten vom Kriegsverlauf zu hören. In der Kantine haben unterdessen zwei englische Offiziere die Leitung übernommen und überprüfen das Personal. Lena Brücker wird kurz gefragt, ob sie Mitglied der NSDAP gewesen sei, Holzinger wird aufgrund seiner herausragenden Kochkünste gar nicht erst befragt. Ihr Vorgesetzter Dr. Fröhlich vertuscht zunächst seine Vergangenheit als Parteimitglied, indem er den Engländern nach dem Mund redet (vgl. 115). Einen Monat später wird er dennoch interniert und nach seiner Rückkehr ein Dreivierteljahr später zum Personalleiter zurückgestuft (vgl. ebd.). Für Lena Brücker ist die neue Situation in der Kantine kein Nachteil, einer der beiden Engländer, ein Captain, hat ein Auge auf sie

geworfen und hilft ihr immer wieder mal mit Kleinig-
keiten aus. Die alte Frau Brücker sagt sogar, dass sie
sich, wäre da nicht Bremer gewesen, vielleicht auf ihn
eingelassen hätte (vgl. 143).

Unterdessen sitzt Bremer vor dem Atlas und malt
sich die Position der englischen, deutschen und amerikanischen Truppen aus. Lena Brücker fungiert als
Stichwortgeberin für seine Fantasien vom deutschen
Vormarsch, von der Möglichkeit, die Niederlage doch
noch abzuwenden (vgl. 117). Doch zu der Euphorie ge-
sellt sich zunehmend die Sorge, auch im Falle eines
Sieges noch lange Zeit in Lena Brückers Wohnung
festzusitzen. Zum ersten Mal kommt ihm der Gedanke, »einer Frau in die Falle gegangen zu sein« (118).

In der Falle?

An dieser Stelle unterbricht der Erzähler die Geschichte Frau Brückers und schiebt den Bericht von
einem Besuch bei der alten Frau Eckleben ein – eine
weitere Recherche, um sich sein eigenes Bild zu machen. Frau Eckleben erzählt, wie sie Schritte in der
Wohnung über ihr gehört und zunächst vermutet habe, Lena Brücker verstecke einen Deserteur, womöglich ihren Sohn. Als die geheimnisvollen Geräusche
aber auch nach der Kapitulation nicht abbrachen, sei
sie davon ausgegangen, dass es sich um jemanden aus
der Partei oder von der SS handle. Hierin liegt der
Grund, dass Frau Eckleben Lena Brücker damals nicht
verraten hat, ein Grund, den nur der Erzähler erfährt,
Frau Brücker weiß zeitlebens nichts davon. Der Erzähler gibt dem Leser, und nur dem Leser, zudem
preis, was er bei seinen Recherchen im Archiv erfah-

Besuch bei
Frau Eck-
leben

ren hat: Nicht Lammers hat die Nachbarschaft bespitzelt und den Kommunisten Wehrs bei der Gestapo angezeigt, sondern Frau Eckleben. Auch einen Eintrag über Lena Brücker hat er gefunden, in dem ihr mangelnder Respekt vermerkt ist (vgl. 120).

■ Weitere Lügen

Um Bremer von seiner ständigen Fragerei nach aktuellen Zeitungen abzubringen, bedient sich Lena Brücker einer weiteren Notlüge. Sie behauptet, es gebe kein Papier, um Zeitungen zu drucken, da ein großes Papierlager abgebrannt sei. Sie erfindet eine Papierlieferung aus Amerika, die in zwei Wochen eintreffen soll. »[N]och vierzehn Tage, dann wollte ich ihm die Wahrheit sagen« (122), erklärt Frau Brücker ihre selbstgesetzte Frist.

Der englische Captain schenkt Lena Brücker ein Verpflegungspaket aus amerikanischen Armeebeständen. Darin finden Bremer und sie unter anderem Kaugummi, etwas, das sie nicht kennen. Als Lena Brücker ihn fragt, wie sein Kaugummi schmecke, stellt er fest, dass er nichts mehr schmecken kann (vgl. 124).

■ Verlust des Geschmackssinns

In den nächsten Tagen beobachtet Bremer wie üblich das Geschehen auf der Straße und bemerkt, dass ein Schwarzmarkt entstanden ist. Er ist empört über den Verfall von Ordnung und Disziplin, während die deutschen Soldaten – seiner Überzeugung nach – gemeinsam mit den amerikanischen und englischen Verbündeten gegen die Russen marschieren (vgl. 127).

■ Die schönste Zeit

Die Erzählung verlässt das Jahr 1945 für einen Moment, und die alte Frau Brücker blickt zurück auf die Zeit mit Bremer als die schönste Zeit ihres Lebens.

Auf Nachfragen des Erzählers räumt sie zwar ein, immer wieder daran gedacht zu haben, Bremer vorzeitig die Wahrheit zu sagen, sich aber dagegen entschieden zu haben. Ein schlechtes Gewissen scheint sie diesbezüglich nicht zu haben: »Weißte, unfair is nur das Alter. Nee. War schön. Basta« (128).

Die Wendung kommt am 19. Mai, dem 17. Tag nach der Kapitulation Hamburgs (nach der Chronologie der Novelle), als Bremer Lena Brücker beim Betreten der Wohnung ohne jeden Gruß sofort nach der Zeitung fragt. Auf sein weiteres Drängen, ihm doch endlich irgendwo ein Radio auszuleihen, reagiert sie gereizt, was wiederum sein Misstrauen weckt. Ein Streit bricht los, in dessen Folge Bremer Geschirr zu Boden wirft, laut schreit und mit aller Gewalt auf die verschlossene Wohnungstür eindrischt. Lena Brücker, die sich nicht anders zu helfen weiß, umklammert ihn von hinten, so dass er sich nicht mehr zu bewegen vermag. Gemeinsam gehen sie zu Boden und rangeln dort weiter, bis Bremer aufgibt, da Lena Brücker ihn so fest zu Boden drückt, dass er chancenlos ist. Als er sich leise für sein Verhalten entschuldigt, wird Lena Brücker klar, dass sie ihm nach dieser Demütigung nun nicht mehr einfach die Wahrheit sagen könne (vgl. 131 f.). Lena Brücker verbindet Bremer die Hand, die er sich in seiner Raserei verletzt hat. In dieser Nacht schlafen sie zum ersten Mal nicht miteinander. Sie stellen sich beide schlafend, obwohl sie hellwach sind (vgl. 132).

Am nächsten Tag bringt Lena Brücker eine Nach-

■ Handfester Streit

richt mit von der Arbeit, die einen merklichen Stimmungswandel bei Bremer verursacht. Sie berichtet

■ Hoffnung auf Amnestie

ihm, dass eine Amnestie für Deserteure geplant sei – wer sich freiwillig melde, gehe straffrei aus (vgl. 132). Um Bremer zusätzlich aufzumuntern, den gestrigen Zwischenfall hinter sich zu lassen, und ihm zu zeigen, wie sehr sie ihn mag, bereitet Lena Brücker ihm sein Leibgericht zu – die Besorgung der entsprechenden Zutaten hat sie größte Mühe gekostet. Beim Abendessen dann wird Bremer endgültig bewusst, dass er seinen Geschmackssinn verloren hat, es gelingt ihm auch nicht mehr, dies vor Lena Brücker verborgen zu halten (vgl. 134).

Als Frau Brücker berichtet, sie habe in der Folge Holzinger um Rat gebeten, wie Bremers »Geschmacksknospen« (136) wieder zu beleben seien, horcht der Erzähler im Altersheim auf, da er mutmaßt und hofft, jetzt komme der Curry ins Spiel. Dem ist aber nicht so: »Wenn du es weißt, na dann erzähl mal« (ebd.), blafft Frau Brücker ihn an. Ein weiteres Mal weist sie ihn darauf hin, dass er Geduld aufbringen müsse.

Bremer indessen, weiterhin lethargisch zwischen der Beobachtung der Straße und dem Lösen von

■ Sinnieren über Ursachen des Geschmacksverlustes

Kreuzworträtseln hin- und herwechselnd, sinniert über die Ursachen des Verlustes seines Geschmackssinnes. Er vermutet den Grund dafür in seiner Fahnenflucht – eine Strafe für sein feiges Verhalten (vgl. 138).

Die Erinnerung an das Foto, welches Bremer mit seiner Frau und seinem kleinen Kind zeigt, veranlasst

Lena Brücker sich vorzunehmen, Bremer an diesem
Abend die Wahrheit zu sagen. In einem Selbstge-
spräch testet sie verschiedene Varianten und Formulierungen für diesen Moment (vgl. 142). Ihre größte
Angst ist, dass er sie ohne eine Wort zu sagen verlassen könnte (vgl. 143). Als sie aber nach Hause kommt,
erwartet sie eine Überraschung. Bremer hat ihr zu ihrem Geburtstag drei Rosen aus Papier gebastelt. Lena
Brücker ist gerührt und beschließt, diesen Moment
nicht verderben zu wollen und sich noch drei weitere
Tage mit ihm zu gönnen.

■ Geburts-
tagsüberra-
schung

■ Aufschub
der Wahr-
heit

## Kapitel 6

Die erzählte Zeit des sechsten Kapitels (146–164)
stellt nochmals eine deutliche Steigerung zu den vor-
angegangenen Kapiteln dar. Die von der alten Frau
Brücker erzählte Handlung reicht von Mai 1945 bis
November 1946, vom Fortgang Bremers über die
Heimkehr ihres Mannes bis hin zu ihrer Entlassung
und dem Rauswurf Garys.

Am Folgetag ihres Geburtstages entdeckt Lena Brücker in der Zeitung Fotos von Szenen aus befreiten
Konzentrationslagern. Sie ist so schockiert, dass Bremer sie beim Nachhausekommen fragt, ob ihr schlecht
sei (vgl. 146). Aufgewühlt erzählt sie Bremer, was sie
erfahren habe, der tut ihre Neuigkeiten jedoch als
»Märchen« und »Feindpropaganda« (147) ab und
möchte lieber wissen, wie die Truppen stehen. Da ist
Lena Brücker nicht mehr in der Lage, die Wahrheit zu-

■ Grausame
Tatsachen
– Fotos aus
den KZs

■ Bremer
erfährt die
Wahrheit

rückzuhalten. Sie schreit ihn an, sagt ihm, dass der Krieg schon lange verloren sei, und stürmt hinaus. Durch die Straßen streifend fragt sie sich, ob die Fotos nicht doch gestellt sein könnten, gesteht sich dann aber ein, dass es in den vergangenen Jahren Anzeichen und Andeutungen dafür gegeben habe, was mit den fortgeschafften Juden passieren würde (vgl. 148 f.).

Als sie nach Hause zurückkehrt, ist Bremer verschwunden. Er hat die Wohnung sauber und ordentlich hinterlassen, eine Nachricht gibt es nicht. Statt des grauen Anzugs ihres Mannes hängt seine Uniform mit dem Reiterabzeichen fein säuberlich im Kleiderschrank. Es ist das eingetreten, wovor sie sich am meisten gefürchtet hat: Er ist fortgegangen, ohne ihr die Möglichkeit zu geben, sich zu erklären (vgl. 150).

Der Erzähler möchte erfahren, wie es für Bremer weitergegangen ist, da er annimmt, dass die Erfindung der Currywurst etwas mit ihm zu tun habe. Dies bestätigt Frau Brücker ihm auch, gibt ihm aber gleichzeitig zu verstehen, dass er sich weiterhin gedulden müsse. Zunächst erzählt Frau Brücker von der Heimkehr der Männer aus der Kriegsgefangenschaft. Auch ihr Mann Gary steht im März 1946 plötzlich wieder vor der Tür und möchte ganz selbstverständlich in sein altes Leben zurück. Der Erzähler kann seine Ungeduld nicht verbergen und drängt mit der Ankündigung seiner baldigen Abreise aus Hamburg zur Eile. Frau Brücker bedauert, die Geschichte um Gary abkürzen zu müssen (vgl. 152).

Lena Brückers sechzehnjähriger Sohn Jürgen ist be-

**■ Bremer geht ohne ein Wort**

**■ Wachsende Ungeduld des Erzählers**

**■ Gary kehrt zurück**

reits nach Hause zurückgekehrt, als Gary, der »prächtig« (153) aussieht, gar nicht wie einer, der Kriegsgefangenschaft erleiden musste, ebenfalls heimkehrt. Er bemerkt sofort, dass einer seiner Anzüge fehlt, und entdeckt natürlich auch Bremers Uniform im Schrank. Ihm ist klar, was das zu bedeuten hat, er vermeidet es aber – bemerkend, dass seine Frau ihn mit herausforderndem Blick fixiert –, sie zur Rede zu stellen. Seine Feststellung, sie seien ja nun quitt, lässt Lena Brücker ihrerseits unkommentiert, auch wenn ihre beiden Situationen nicht vergleichbar sind (vgl. 154).

Einen Monat nach Garys Heimkehr wird Lena Brücker von dem ebenfalls aus der Gefangenschaft freigekommenen Dr. Fröhlich entlassen. Sie ist fortan zu Hause, kocht, putzt und wäscht. Sie fühlt sich zunehmend eingesperrt und denkt wehmütig an die Zeit mit Bremer zurück. »Die Zeit damals war, sagte Frau Brücker und sah mit ihren milchigen Augen ein wenig über mich hinweg, das Glück« (155). Gary nimmt unterdessen sein gewohntes Leben wieder auf. Unter der Woche ist er als Lastwagenfahrer unterwegs, am Wochenende lässt er sich zu Hause gehen, bevor er sich abends herausputzt und in Bars amüsiert.

■ Entlassung

Etwas mehr als ein halbes Jahr ist nach seiner Heimkehr vergangen, als Lena Brücker ihn vor die Tür setzt. Nachdem sie sowieso schon von seinem Verhalten angeekelt ist, bringt ein fremder Damenschlüpfer, den sie beim Waschen seiner Unterwäsche entdeckt, das Fass endgültig zum Überlaufen (vgl. 157 f.). Sie sperrt ihn mit der Hilfe eines Tricks aus. Nur halbbe-

■ Rauswurf Garys

kleidet und in Hausschuhen zieht er von dannen, als er schließlich einsieht, dass alles Geschrei ihm die Tür nicht wieder öffnen wird (vgl. 158 f.).

Lena Brücker hat nun ihre Eigenständigkeit und Selbstbestimmung zurückgewonnen, ist aber auch arbeitslos und muss sich, ihre beiden Kinder und den kleinen Enkel Heinz versorgen.

Die alte Frau Brücker setzt schon zu einem Exkurs über den verschollenen Freund ihrer Tochter Edith an, als der Erzähler sie mit seinem Vorschlag, zum Großneumarkt zu fahren und dort eine Currywurst zu essen, wieder auf die Spur der eigentlichen Geschichte bringt (vgl. 159).

■ Gemeinsamer Ausflug

Die Gegend, in der Frau Brücker über vierzig Jahre gelebt hat, hat sich verändert. Sie möchte nicht anhalten, erzählt stattdessen von den Anfangsjahren ihrer Imbissbude und den Tauschgeschäften des Schwarzmarktes. Der Erzähler erfährt, dass sie ihren Imbiss damals nach einem Tipp ihrer Nachbarin von einem alten Mann zur Pacht übernommen hat (vgl. 162). Auch heute steht dort ein Imbiss, es ist allerdings nicht mehr die alte Bretterbude von früher, sondern ein topmoderner Imbisswagen. Auch die Currywurst, die dort verkauft wird, ist in keiner Weise mit der von Lena Brücker liebevoll in gusseisernen Pfannen zubereiteten Speise zu vergleichen, und so ist es wohl kein Zufall, dass Frau Brückers Wurstteller nach dem ersten Bissen vom Tisch fällt (vgl. 164).

## Kapitel 7

Das letzte Kapitel (165–189) offenbart nun das Geheimnis der Currywurst, zu dessen Entdeckung erst ein kompliziertes Tauschgeschäft und dann der Zufall nötig waren.

Es ist der letzte Besuch des Erzählers im Altersheim, und Frau Brücker knüpft diesmal ohne Umschweife an der Geschichte der neu erstandenen Imbissbude und der Frage, was sie dort anbieten könnte, an. Ihren Einstieg als selbständige Geschäftsfrau gestaltet Lena Brücker Ende 1947, indem sie Bremers Uniform zu einem Kostüm umnäht und, einem Tipp von Holzinger folgend, eine alkoholsüchtige Wurstfabrikbesitzerin aufsucht. Mit dieser handelt sie einen Tausch von wöchentlich 250 Kalbsbratwürstchen gegen eine Flasche echten Whisky aus. Da Lena Brücker freilich keinen Whisky besitzt, ist dies erst der Anfang einer langen Reihe von Tauschgeschäften. Bremers Reiterabzeichen tauscht sie bei einem englischen Major, einem leidenschaftlichen Sammler, zunächst gegen 24 Festmeter Holz. Sie erfährt von einem englischen Intendanturrat, von dem das von ihr dringend zum Braten benötigte Pflanzenöl zu haben sei. Um diesem ein Geschäft anbieten zu können, tauscht sie ihr Holz bei einem Arzt, der seine ausgebrannte Villa restaurieren will, gegen Chloroform, was wiederum als Bezahlung für die 300 Fehfelle gilt, aus denen sie einen Mantel nähen lassen möchte, den der Intendanturrat seiner schönen Frau schenken könne. Besagte Frau findet bei

■ Letzter Besuch im Altersheim

■ Der Ringtausch

einem ersten Geschäftstreffen Gefallen an den Fellen, und Lena Brücker handelt als Preis für den Pelzmantel Öl, Ketchup, Whisky und Zigaretten aus. An dieser Stelle des Ringtausches kommt nun der Vater des Erzählers ins Spiel, der sich gerade als Kürschner selbständig gemacht hat.

■ Der Vater des Erzählers

Der Erzähler nutzt diese Episode, um seine eigenen Erinnerungen an den Vater mit denen Frau Brückers abzugleichen, und fragt sie, wie dieser damals gewesen sei (vgl. 173 f.).

Der fertige Pelzmantel übertrifft alle Erwartungen. Lena Brücker probiert ihn zunächst selbst an und ist kurz davor, allen Tauschhandel abzubrechen, um das glamouröse Kleidungsstück selbst behalten zu können. Letztlich besinnt sie sich eines Besseren – auch der Frau des Intendanturrats gefällt der Mantel außerordentlich gut. Alles scheint bestens zu laufen, bis der Intendanturrat eröffnet, dass er nicht an Pflanzenöl gekommen sei. Als Alternative bietet er Lena Brücker fünf Seiten Speck oder ein Kilo Currypulver an. Gegen jede Vernunft entscheidet sie sich in nostalgischer Erinnerung an Bremer und sein Schwärmen vom Hühnchencurry, das ihn seinerzeit in Indien gerettet hat, für das Currypulver (vgl. 177 f.). Doch schon kurz darauf, als sie zum ersten Mal in ihrem Leben Curry gekostet hat, ist sie überzeugt davon, einen riesigen Fehler gemacht zu haben. Sie fürchtet, das bittere, brennend scharfe Gewürz nicht verwenden oder weitertauschen zu können. Ein Engländer hilft ihr, die ertauschten Waren zu ihrer Wohnung hochzutragen,

■ Curry – gegen jede Vernunft

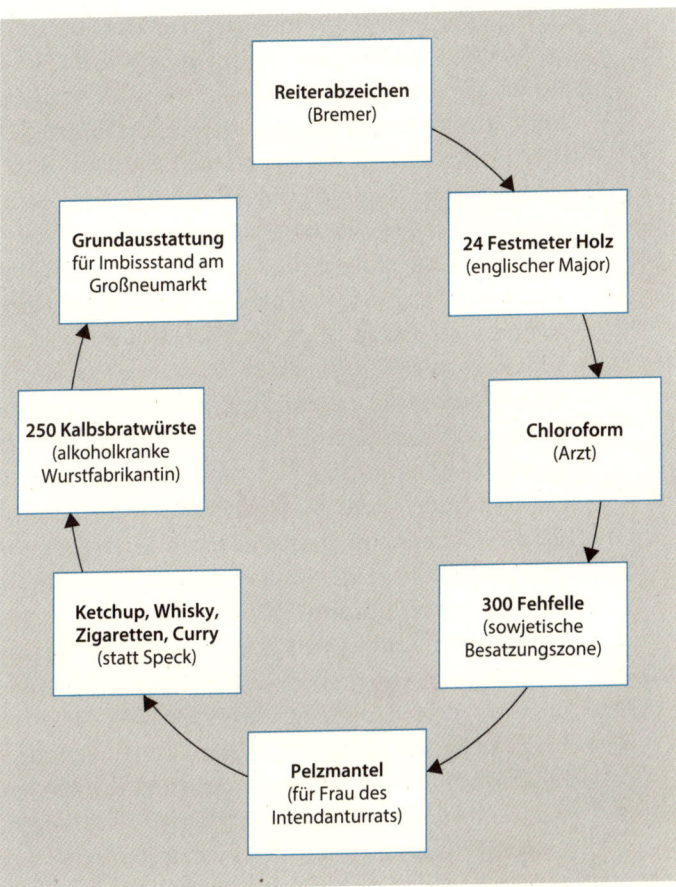

Abb. 1: Der Ringtausch

als Lena Brücker – gedankenverloren in Erinnerungen an Bremer – stolpert und samt Ketchup und Curry stürzt. Verzweifelt und aufgelöst weinend sitzt sie zwischen den Scherben auf der Treppe, während die Erinnerungen an die Ereignisse der letzten Jahre auf sie einstürzen. Der hilflos dabeistehende Engländer bietet ihr eine Beruhigungszigarette an und verabschiedet sich anschließend. Gerade als Lena Brücker das verschüttete Ketchup, das sich mit dem ebenfalls zu Boden gefallenen Curry vermischt hat, wegwerfen will, leckt sie zufällig ihren Finger ab und stellt überrascht fest, wie gut das zufällig entstandene Gemisch schmeckt. Als sie die Soße in der Pfanne heiß macht, breitet sich ein »Duft wie aus Tausendundeiner Nacht« in ihrer Küche aus (181). Euphorisch schmeckt sie die Mischung mit verschiedenen Gewürzen ab, schneidet sich eine Kalbswurst hinein und isst die allererste Currywurst der Geschichte.

■ Die zufällige Entdeckung der Currywurst

Tags drauf, an »einem naßkalten Dezembertag« (182) im Jahr 1947, eröffnet Lena Brücker ihre Imbissbude auf dem Großneumarkt. Schnell ist die erste Skepsis über die kleingeschnittene Wurst, die »überschmiert mit so ner gräßlichen roten Soße, nein, einem rotbraunen Brei« (ebd.) serviert wird, verflogen, und der Siegeszug der Currywurst beginnt. Von Hamburg breitet sie sich bis nach Berlin und in viele weitere Städte aus, wo sie ihre Fangemeinde hauptsächlich unter den »normalen« Bürgern hat, die gesellschaftliche Oberschicht lehnt ein Gericht, das im Stehen und draußen gegessen wird, ab.

■ Eröffung der Imbissbude

Die Imbissbude ist auch der Ort der Wiederbegegnung Lena Brückers mit Bremer. Bremer, mittlerweile Vertreter für Scheiben und Fensterkitt, erinnert sich, durch das Viertel streifend, zurück an die Zeit in Lena Brückers Wohnung, entscheidet sich aber dagegen, bei ihr zu klingeln. Als er an ihrem Imbiss Halt macht, um etwas zu essen, erkennt er sie zunächst nicht. Sie hingegen bemerkt sofort, wer er ist. Über die Essensbestellung hinaus sprechen sie nicht miteinander. Als Bremer die Currywurst kostet, kehrt sein verlorener Geschmackssinn zurück: »Und da, plötzlich, schmeckte er, auf seiner Zunge öffnete sich ein paradiesischer Garten« (185). Er beobachtet Lena Brücker, die schließlich erkennt, noch eine Weile bei der Arbeit und zieht dann seiner Wege.

Der Erzähler, endlich am Ziel seiner Nachforschungen angelangt, würde gerne noch wissen, ob sie Bremer nach dieser Begegnung jemals wiedergesehen hat, er entscheidet sich aber aus Zeitmangel dagegen, danach zu fragen. Eine weitere Gelegenheit wird er nicht bekommen. Als er nach einem USA-Aufenthalt wieder im Altersheim anruft, erhält er die Auskunft, dass Frau Brücker verstorben sei, ihm aber ein Paket hinterlassen habe. In dem Paket findet er den Pullover, an dem sie während ihrer gemeinsamen Nachmittage fortwährend gestrickt hat, und das Originalrezept der Currywurst – geschrieben auf ein Stück einer herausgerissenen Zeitschriftenseite, auf der Rückseite ein Kreuzworträtsel, zu dessen ausgefüllten Wörtern auch das Wort »Novelle« gehört (187).

**Wiedersehen mit Bremer**

**Der Geschmackssinn kehrt zurück**

**Tod Frau Brückers**

# 3. Figuren

## 3.1 Hauptfiguren

**Gemein-
samkeiten
zwischen
Erzähler
und Autor**

**Der Erzähler.** Die Gemeinsamkeiten zwischen dem Autor Uwe Timm und seinem Erzähler in *Die Entdeckung der Currywurst* drängen sich dem Leser förmlich auf. Autor und Erzähler teilen sich nicht nur den Geburtsort Hamburg und die Gegend, in der sie aufgewachsen sind. Ihre Kindheitserinnerungen, etwa die Erinnerung an die Küche einer Tante in der Brüderstraße, sind ebenso einander entsprechend wie der Werdegang ihrer beiden Väter, die nach Kriegsende aus der Not heraus das Kürschnerhandwerk erlernten.

Dennoch muss unterschieden werden zwischen dem (realen) Autor und dem (fiktiven) Erzähler in der Novelle. Der Name des Ich-Erzählers, der es sich zur Mission gemacht hat, die Geschichte der Entdeckung der Currywurst ans Licht zu bringen, bleibt ungenannt. Auch sonst erzählt er nicht viel über sich selbst. Der Leser erfährt lediglich, dass er mittlerweile in München lebt (vgl. 10), verheiratet ist und Kinder hat (vgl. 152). Frau Brücker hat er als Kind in der Küche seiner Tante kennengelernt, wo sie Geschichten zum Besten gab, die sie an ihrem Imbissstand aufgeschnappt hatte. Auch als die Tante schon längst gestorben und der Erzähler aus Hamburg fortgezogen ist, zieht es ihn jedes Mal, wenn er in der Stadt ist, zurück in das Viertel um die Brüderstraße, um an der

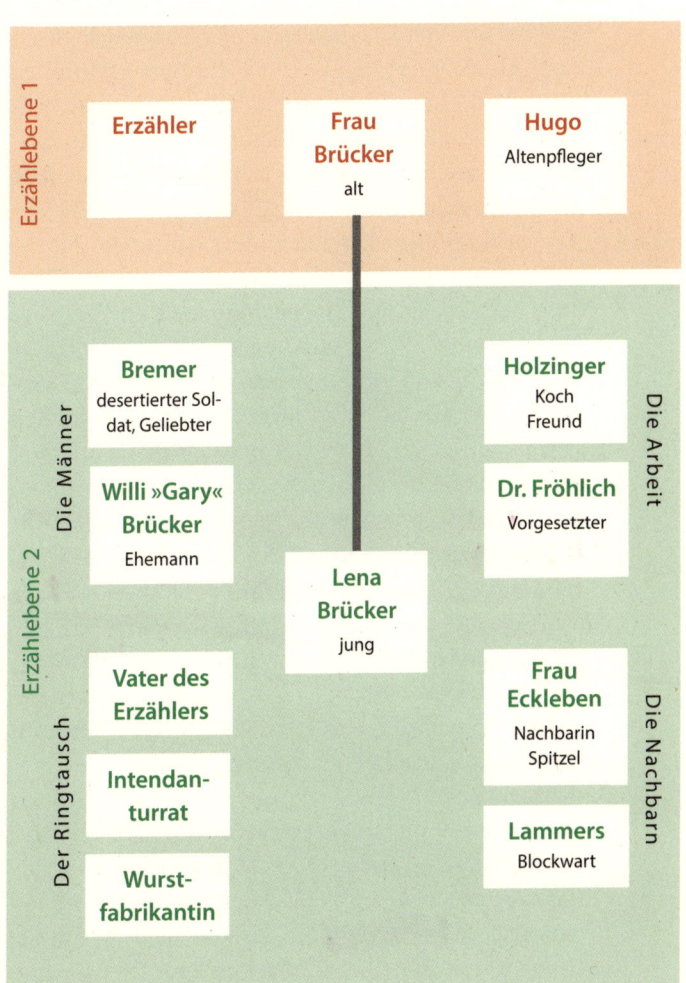

Abb. 2: Figurenkonstellation

Imbissbude von Frau Brücker eine Currywurst zu essen. Als sie eines Tages nicht mehr dort anzutreffen ist, kehrt der Erzähler »seinem« alten Viertel den Rücken zu. Ein Streit »unter Kennern« (9) um den Entstehungsort der Currywurst führt letztlich dazu, dass er Nachforschungen anstellt. Er macht sich auf die Suche nach Frau Brücker und findet sie in einem Altersheim in Harburg. In seinem Bemühen, von Frau Brücker die Geschichte der Currywurst zu erfahren, beweist der Erzähler letztlich viel Durchhaltevermögen. Seine immer wieder ungeduldig eingestreuten Versuche, sie in ihrem weitschweifigen Erzählen auf den eigentlichen Kern des Gesprächs zurückzuführen, verhallen ungehört. »Hatten Sie den Curry in der Kantine? fragte ich, um sie wieder auf die Spur zu bringen« (51). »Ich versuchte, sie auf den Curry zurückzubringen. Hat Bremer das Rezept entdeckt?« (81). Trotz seiner stellenweise durchschimmernden Ungeduld bringt der Erzähler Frau Brücker sehr viel Sympathie entgegen. Dies zeigt sich daran, dass er, von einer kritischen Nachfrage abgesehen (»War das nicht unfair?«; 128), immer wieder Partei für sie ergreift, indem er beispielsweise hervorhebt, dass Lena Brücker durchaus mit sich ringe, ob sie Bremer nicht doch die Wahrheit sagen solle (vgl. 128). Seine Bewunderung lässt sich auch an seiner Beschreibung ihrer alten Fotos ablesen (vgl. 26, 75); auch ist er bewegt von der Kraft, die sie trotz ihres Alters immer noch ausstrahlt: »Doch als wir durch den Regen gingen, wurde mir unter dem zarten Druck auf meinem Arm die Kraft

■ Auf der Suche nach dem Geheimnis der Currywurst

■ Sympathie für Frau Brücker

40

deutlich, die es diese Frau gekostet hatte, ihr Leben zu leben und dabei ihre Würde zu wahren« (111).

**Lena Brücker.** Lena Brücker begegnet dem Leser auf zwei Ebenen. Zum einen ist da die 86-jährige Rentnerin, die in einem Altersheim in Harburg, nahezu vollständig erblindet, strickend ihr Dasein fristet, den größeren Teil der Erzählung steht aber die jüngere Lena Brücker im Fokus. Sie ist 43 Jahre alt, als sie den jungen Soldaten Hermann Bremer kennenlernt und mit zu sich nach Hause nimmt. Das Aussehen Lena Brückers wird auf der Grundlage einiger alter Fotos transparent, die 1945 zunächst Bremer in einem Fotoalbum entdeckt, die die alte Lena Brücker aber auch dem Erzähler bei einem seiner Besuche im Altersheim zeigt. »Auffällig an ihr ist das leuchtend blonde Haar [...], verwegen sieht sie aus, im Gesicht ein Strahlen« (74). Der Erzähler sieht noch weitere Fotografien aus den fünfziger und sechziger Jahren, er beschreibt ihre gute Figur und ihr junges Aussehen, bemerkt ihre »sinnlich vorgeschobene Unterlippe« (75). Die alte Frau Brücker hat sich äußerlich natürlich stark verändert, der Erzähler erkennt sie zunächst gar nicht wieder. »Ihr Haar war, schon als ich sie zuletzt gesehen hatte, grau, aber jetzt war es dünn geworden, ihre Nase schien gewachsen zu sein, auch das Kinn. Das früher leuchtende Blau ihrer Augen war milchig« (14).

  Die junge Lena Brücker hat ursprünglich den Beruf der Täschnerin gelernt, da sie nach der Ausbildung aber keine Anstellung finden kann, arbeitet sie als

■ Zweimal Lena Brücker

■ Werdegang und Familie

41

Serviererin in einem Café, wo sie auch ihren zukünftigen Ehemann kennenlernt. Nach dem zweiten Kind
hört sie auf zu arbeiten, wird im Krieg aber in eine
Kantine der Lebensmittelbehörde dienstverpflichtet.
Dort ist sie zunächst für die Abrechnung zuständig,
wird aber schon bald kommissarische Leiterin (vgl.
33). Als sie Bremer kennenlernt, hat sie ihren Ehemann Willi bereits seit sechs Jahren nicht mehr gesehen. Ihre beiden Kinder leben auch nicht mehr bei ihr.
Tochter Edith ist zu der Zeit, in der die Binnenhandlung spielt, zwanzig Jahre alt und arbeitet als Arzthel-
ferin in Hannover. Der sechzehnjährige Sohn Jürgen
ist während des Krieges als Flakhelfer im Ruhrgebiet
eingesetzt; als er nach Kriegsende heimkehrt, wird er
Schornsteinfeger. Edith bringt nach dem Krieg den
Enkel Heinz zur Welt, der wiederum einen Sohn,
Christian, bekommt.

Männer    In den sechs Jahren, in denen ihr Mann abwesend
ist, verbringt Lena Brücker – bis sie Bremer trifft –
nach eigenen Angaben nur eine einzige Nacht mit einem anderen Mann, einem Kollegen aus der Kantine.
Aufgrund der unangenehmen Begleiterscheinungen,
die solche Begegnungen mit sich bringen, belässt Lena Brücker es bei diesem einen Mal: »Vielleicht hätte
ich es öfter gemacht, wenn die Männer danach verschwunden wären, einfach vom Boden verschluckt
worden wären. So aber war, wenn man sie traf, jede
Bewegung, jeder Geruch, jeder Blick auch eine Erinnerung daran, was man nicht an ihnen mochte« (50).
In der Novelle finden sich allerdings durchaus Hin-

weise auf einen weiteren Mann. Bremer findet beim Durchstöbern von Lena Brückers Wohnung Briefe des Vertreters Klaus Meyer, von deren poetischer Kraft er beeindruckt ist. »[Bremer] sagte sich, daß er so einen Brief nicht schreiben könne. Wie das Stöhnen und Ächzen der Erde« (76). Näheres erfährt man nicht über Klaus Meyer: »Das is, sagte Frau Brücker, ne andere Geschichte« (93).

Signifikant für den Charakter Lena Brückers sind ihre Courage und ihre Risikobereitschaft. Indem sie Bremer anbietet, sich bei ihr zu verstecken, beteiligt sie sich an seiner Fahnenflucht und riskiert ihr Leben so für einen ihr völlig fremden Mann. Wie brisant die Lage ist, zeigen die misstrauischen Nachfragen der neugierigen Nachbarin Frau Eckleben, die ständig – mit Recht – meint, in der Wohnung über ihr Geräusche zu vernehmen, und Lena Brücker in der Folge Blockwart Lammers vorbeischickt. Während dieser ihre Wohnung inspiziert und unverhohlen in jede Ecke blickt, versucht Lena Brücker den parteitreuen Lammers mit provokanten Bemerkungen und Fragen aus dem Konzept zu bringen: »Wir schießen zurück [, sagt Lammers]. Davon hör ich nix, sagt Lena Brücker« (61). »[I]ch werde dafür sorgen, daß Sie Einquartierung bekommen. Zwei Zimmer, eine Küche für eine Person, und draußen liegen Tausende von Volksgenossen auf der Straße […]. Wollen Sie damit sagen, der Führer hat den Krieg nicht erfolgreich geführt?« (64). Lena Brücker verweigert Lammers den Respekt, den er sich und natürlich auch dem NS-Regime durch

Courage, Risiko- und Hilfsbereitschaft

sein einschüchterndes Auftreten sichern will. Diesen Eindruck untermauern auch Protokolle der Gestapo, die der Erzähler im Archiv findet: »L. Brücker hetzt nicht offen, macht aber oft zersetzende kritische Bemerkungen. Beispielsweise zur Versorgungslage bei den Brennmitteln. B: Ich glaube nicht, daß der Führer so kalte Füße hat wie ich« (120). Die alte Frau Brücker betont gegenüber dem Erzähler zudem, dass ihre Hilfsbereitschaft gegenüber Bremer nichts damit zu tun hatte, dass er ihr auf Anhieb gefiel und dass er behauptete, ledig zu sein: »Ich hätt ihn auf jeden Fall mit raufgenommen und versteckt. Das hatte nix mit der Sympathie zu tun. Hätte jedem geholfen, der nicht mehr mitmachen wollte. [...] Is ja das Kleine, was die Großen stolpern läßt« (102). Dennoch räumt sie ein, viel falsch gemacht und oft weggesehen zu haben (vgl. 103). Dass sie Bremer versteckt hat, empfindet sie rückblickend als ihre Chance, kurz vor Kriegsende noch das Richtige zu tun: »Is vielleicht das Beste, was ich gemacht hab, einen verstecken, damit er nicht totgeschossen wird und auch andere nicht totschießen kann« (ebd.).

Zu all ihren positiven Attributen wie ihrem Mut, ihrer unangepassten und emanzipierten Art, ihrer Hilfsbereitschaft und Großzügigkeit (sie teilt ihre knapp bemessenen Lebensmittel mit Bremer) mischt sich schließlich aber auch Egoismus, als sie beschließt, Bremer das Ende des Krieges zu verschweigen. Sie malt sich detailreich aus, was geschehen würde, wenn sie es ihm sagte. Sie spinnt die Vorstellung, wie er zu

- **Unangepasste Art**

- **Chance, das Richtige zu tun**

- **Egoismus und das Verhältnis zu Lüge und Wahrheit**

seiner Frau heimkehrt, in ihrem Kopf so lange weiter, bis sie weiß, dass sie noch nicht bereit ist, sie Wirklichkeit werden zu lassen. Die Tatsache, dass Bremer ihr verschwiegen hat, dass er verheiratet ist – sie findet nur zufällig ein Foto von seiner Familie –, rechtfertigt für sie ihr eigenes Schweigen: »Ich denk, ich hab was verschwiegen, und er hat was verschwiegen« (91). Die alte Frau Brücker erinnert sich zwar daran, dass sie zunächst immer wieder mit sich ringen musste, um ihm nicht doch die Wahrheit zu sagen. Schließlich gesteht sie sich und dem Erzähler in der Retrospektive dann aber ein, dass ihr die Lüge sogar Spaß gemacht habe (vgl. 91). Auch im Nachhinein scheint sie keine Gewissensbisse zu haben. Als der Erzähler sie direkt darauf anspricht, ob ihr Verhalten nicht unfair gewesen sei, antwortet sie nur: »Weißte, unfair is nur das Alter. Nee. War schön. Basta« (128).

Erst die schockierenden Fotos, die Lena Brücker von den befreiten KZs in der Zeitung sieht, beenden diese Zwischenwelt, in der in ihrer Wohnung der Krieg noch weitergeht, obwohl er schon längst verloren ist. Sie ist fassungslos, sie kann nicht glauben, was da passiert ist (obwohl sie sich eingestehen muss, dass es entsprechende Hinweise durchaus gegeben hat; vgl. 148 f.), und erzählt Bremer davon. Als dieser ihre Enthüllungen als »Gerüchte«, »Märchen« und »Feindpropaganda« (147) abtut, kann sie nicht mehr an sich halten und platzt mit der Wahrheit heraus.

■ Beeindruckt durch KZ-Photos

Im weiteren Verlauf der Handlung kristallisieren sich ihr Selbstbewusstsein und ihre Selbständigkeit immer weiter heraus: Sie wirft ihren aus dem Krieg heimgekehrten Mann kurzerhand raus, als er sich zu Hause von ihr bedienen lassen will, und lacht nur, als er sagt, er wolle für die Kinder sorgen (vgl. 153). Auch ihr Einfallsreichtum und Geschäftssinn werden deutlich: Durch ein kompliziertes Tauschverfahren, bei dem sie jedes Mal den richtigen Riecher hat, gelingt ihr die Eröffnung ihrer eigenen Imbissbude. Auch als alte, gebrechliche Frau im Altersheim imponiert sie dem Erzähler noch durch ihre Zähigkeit und Kraft, mit der sie stets durchs Leben gegangen ist (vgl. 185).

■ Emanzipation und Geschäftssinn

Lena Brücker stirbt circa vier Monate, nachdem der Erzähler sie das letzte Mal gesehen hat.

**Hermann Bremer.** Hermann Bremer ist 24 Jahre alt (und somit knapp 20 Jahre jünger als Lena Brücker), als sie sich im April 1945 vor einem Hamburger Kino kennenlernen. Bremer ist gelernter Maschinenbauer und seit 1939 Soldat bei der Marine. Lena Brücker beschreibt ihren ersten Eindruck von ihm folgendermaßen: »[E]r hatte Sommersprossen auf der Nase, mittelblondes Haar. Hätte glatt mein Sohn sein können. Sah aber noch jünger aus, als er war […]. Nett sah er aus, so dünn und hungrig« (19 f.). Weiter beschreibt sie ihn als »zögernd« und »unsicher« (20). Im Gegensatz zu der charismatischen Figur der Lena Brücker ist Bremer ein Durchschnittstyp. Er ist weder feige noch besonders mutig. An dem Morgen, an dem er sich entscheidet, sich nicht zurückzumelden, sondern einfach in Lena Brückers Wohnung zu bleiben, malt er

■ Durchschnittstyp

sich aus, wie es ihm – als Marinesoldat, als Seemann –
beim Einsatz an der Panzerfaust ergehen würde. Er ist
hin- und hergerissen, er hat Angst zu gehen und
Angst zu bleiben (vgl. 41). Er denkt allerdings nicht an
den Eid, den er geschworen hat, sondern versucht abzuwägen, welche der beiden Optionen ihm größere
Überlebenschancen bietet, »hier zu bleiben und abzu-
warten, bis der Krieg zu Ende war, oder sich in der
Landschaft, irgendwo in der Lüneburger Heide, seit-
wärts in die Büsche zu schlagen, sich dann vom Engländer gefangennehmen zu lassen« (43). Schließlich
wirkt seine Wahl nicht wie ein aktiver Entschluss, er
geht einfach zurück ins Bett. Die Tragweite seiner
Handlung beginnt erst nach dem erneuten Erwachen
in ihm zu reifen: »Ich bin in eine Richtung gegangen,
und ich kann nicht mehr umkehren in dieser Dach-
wohnung« (ebd.).

■ Hin- und
hergerissen

Bremer ist verheiratet und hat einen einjährigen
Sohn, den er kurz vor der Begegnung mit Lena Brücker bei seinem Heimaturlaub zum ersten Mal gesehen hat. Von Vaterfreuden kann aber keine Rede sein,
er ist im Gegenteil eifersüchtig auf seinen Sohn, weil
dieser so viel Zeit für sich beansprucht – Zeit, die Bremer lieber allein mit seiner Frau verbracht hätte (vgl.
74). Dass er verheiratet ist, verschweigt er Lena Brücker nicht nur, sondern leugnet es auch aktiv, als sie
ihn darauf anspricht (vgl. 84).

■ Verschwei-
gen der Ehe

Bremers Vater war Tierarzt und besaß zwei Pferde,
auf denen Bremer das Dressurreiten lernte. Dadurch
war es ihm ein Leichtes, später die Prüfung für das

Reiterabzeichen abzulegen, das er fortan als Glücksbringer mit sich trägt und das auch Lena Brückers
Aufmerksamkeit erregt – immerhin ein sehr untypi-
sches Abzeichen für einen Seemann.

In der Zeit, die Bremer mit Lena Brücker verbringt,
ist es meist sie, die erzählt. Ihm fällt größtenteils die
Rolle des Zuhörers zu. Die alte Lena Brücker kom-
mentiert dies mit der Einschätzung, dass er in seinem
jungen Leben, außer den Jahren im Krieg (und von
denen will sie nichts hören), noch nicht viel erlebt hat.
Sein einziges unmilitärisches Abenteuer ist eine Indienreise, die er als Maschinenassistent auf einem
Dampfer kurz vor dem Krieg gemacht hat. »Der Bremer war ja eher, sagen wir mal n nüchterner Mensch.
Aber da kam er richtig ins Schwärmen« (82).

Die alte Frau Brücker beschreibt Bremer als guten
Liebhaber. »Er ließ sich Zeit. Ließen uns lange treiben.
Und er konnte es oft. Na ja, [...] eben auch unter-
schiedlich« (91).

Im Gegensatz zu Lena Brückers abwesendem Ehemann ist Bremer sehr ordentlich und fleißig. In der
Zeit, die er nach seiner Fahnenflucht gezwungener-
maßen allein und möglichst leise in der Wohnung
verbringt, putzt und sortiert er, was er nur finden
kann. »Bremer machte, wie bei der Marine gelernt,
klar Schiff« (113).

Zunächst auf der Suche nach einer Ersatzröhre für
das Radio, durchsucht er sämtliche Schränke und
Schubladen der Wohnung. Das zu Beginn kurz auf-
flammende schlechte Gewissen ob der Missachtung

■ Rolle des
Zuhörers

■ Guter Lieb-
haber

■ Ordentlich
und fleißig

jeglicher Privatsphäre überwindet er schnell und mühelos: »Zwar sagte er sich, das ist nicht fein, was du da machst, aber dann dachte er, es wäre nützlich einen Atlas zu haben, [...] und das war ein Grund, auch im Wohnzimmerschrank mit einem weniger schlechten Gewissen weiterzusuchen« (73). Wirkt er zu Beginn liebevoll und schutzbedürftig, wartet er sehnsüchtig auf Lena Brückers Heimkehr und empfängt sie mit Umarmungen und Küssen, so erscheint sein Verhalten mit fortschreitender Handlung zunehmend undankbar und spröde. Auch wenn er sich selbst durch seine Fahnenflucht aus dem Kriegsgeschehen zurückgezogen hat, so ist er doch im Gegensatz zu Lena Brücker linientreu und träumt von einem deutschen Endsieg. So ist er, als er von Hitlers Tod, jedoch nicht vom verlorenen Krieg, erfährt, begeistert von der Vorstellung, gemeinsam mit England und den USA gegen Russland zu kämpfen. Er steigert sich in diese Vorstellung hinein, malt sich aus, welche Gebiete als Erstes zurückerobert werden, zeichnet den Verlauf von Frontlinien in den Atlas ein und scheint – zu Lena Brückers Leidwesen – kein anderes Thema mehr zu haben. Von den durch die Deutschen begangenen Verbrechen will er nichts hören, und schließlich verlässt er Lena Brücker ohne ein Wort des Abschieds.

Als sie sich viele Jahre später an ihrem Imbissstand wiederbegegnen, ist er Vertreter für Scheiben und Fensterkitt geworden.

■ Traum vom
deutschen
Endsieg

49

## 3.2 Nebenfiguren

**Willi Brücker alias Gary.** Lena Brückers Ehemann Willi, der aufgrund seiner Ähnlichkeit mit dem Schauspieler Gary Cooper aber von allen nur Gary genannt wird (die Ähnlichkeit ist so frappierend, dass selbst der Erzähler sie beim Durchblättern des alten Fotoalbums bemerkt; vgl. 25), ist ein Lebemann. Er setzt sich selbst gern in Szene, kann begnadet auf dem Kamm blasen und kommt durch seinen offensiven Charme vor allem bei Frauen gut an. Er raucht kubanische Zigarren, trägt teure Kleidung und wird in der Nachbarschaft »Der Lord vom Trampgang« (99) genannt.

■ Charmanter Selbstdarsteller

Gary arbeitet als Barkassenführer im Hamburger Hafen und verdient sich durch nächtliche Schmuggelgeschäfte etwas dazu – so kann er sich seinen extravaganten Lebensstil finanzieren. Als seine Machenschaften auffliegen und er wegen Schmuggels verhaftet wird, muss er für ein Jahr ins Gefängnis. Danach verdient er sein Geld als »Kapitän der Landstraße« (101) im LKW. Seiner Frau ist in all den Jahren bekannt, dass er zahlreiche Affären hat.

■ Frauenheld

Zu Beginn des Krieges wird Gary eingezogen und bleibt sechs Jahre von zu Hause fort. Als er 1946 als einer der Ersten aus der russischen Kriegsgefangenschaft entlassen wird, versucht er ohne Umschweife in sein altes Leben zurückzukehren. Zu Hause lässt er sich gehen, rasiert sich nicht, lässt sich bedienen, trinkt viel. Wenn er aber ausgeht, verwandelt er sich

Abb. 3: Gary Cooper. – © akg-images / Album / Clarence Sinclair Bull

zurück in Gary Cooper, den Selbstdarsteller, der es immer noch versteht, in Bars alle Aufmerksamkeit auf sich zu ziehen (vgl. 156). Hierin zeigt sich, wie sehr er auf die Bewunderung anderer angewiesen ist.

Dieses Macho-Verhalten hat ein jähes Ende, als seine Frau beim Waschen seiner Unterwäsche einen fremden Damenschlüpfer findet. Dieser erniedrigende Moment kulminiert mit seiner Forderung nach einem kalten Bier in seinem Rauswurf – Gary wird von seiner Frau in Pantoffeln vor die Tür gesetzt. »Er ging in Hemd und Hose, an den Füßen die Schlappen. […] und kam nie wieder« (159) – ein wenig glorreicher Abgang für den großen Gary, den Lord vom Trampgang. Von der alten Frau Brücker erfährt der Erzähler, dass er »schon lange tot« sei (25).

■ Wenig schmeichelhafter Abgang

**Frau Eckleben.** Frau Eckleben wohnt in der Wohnung unter Lena Brücker. Infolge ihrer ausgeprägten Neugier bleibt Bremers Anwesenheit ihr nicht verborgen. Sie bemerkt »ein ewiges leichtes Schaukeln der Decke, ein leises Quietschen« (119) und spricht Lena Brücker mehrfach darauf an. Im Zuge seiner Recherchen besucht der Erzähler die alte Frau Eckleben, die mittlerweile bei ihrer Tochter Grete lebt. Er offenbart ihr jedoch nicht, dass er herausgefunden hat, dass sie der Gestapo Berichte über die Nachbarn geliefert hat – alle vermuteten, es wäre Lammers gewesen. Umso klarer wird dem Leser durch diese Entdeckung, in welche Gefahr sich Lena Brücker begeben hat, als sie Bremer bei sich aufnahm. Auch im Nachhinein ist

■ Denunziantin

bei Frau Eckleben keine kritische Einschätzung der Geschehnisse des Krieges und ihrer eigenen Gesinnung zu bemerken.

**Holzinger.** Der Koch Holzinger und Lena Brücker kennen sich von ihrer Arbeit in der Kantine. Er stammt aus Wien und wird zu Kriegsbeginn in die Rundfunkkantine des Reichssenders dienstverpflichtet. Dort betreibt er seinen eigenen Ein-Mann-Widerstand gegen die Nationalsozialisten, indem er durch seine Speisen dafür sorgt, dass die Rundfunksprecher stets genau dann unter Brechdurchfall leiden, wenn es besonders wichtige militärische Siege zu vermelden gilt. Wegen des Verdachts auf Sabotage, die ihm aber nicht nachgewiesen werden kann, wird er nach Hamburg versetzt. Dort inspiriert er Lena Brücker, die früher nie gerne gekocht hat. Sie beschreibt ihn als »Zauberer, [...] er macht aus fast nichts etwas und etwas Ausgezeichnetes aus etwas« (53). Sein Geheimnis liege in den Gewürzen. Er ist daher für Lena Brücker auch der richtige Ansprechpartner, als sie versucht, Bremers verlorengegangenen Geschmackssinn wiederzubeleben.

■ Ein-Mann-Widerstand

Bei entsprechendem Besuch in der Kantine nimmt Holzinger seine alten Gewohnheiten auch in Hamburg wieder auf: »Nimm heute auf keinen Fall etwas von der Terrine vom Vorstandstisch, hatte Holzinger gesagt, ich möchte den Kollegen von der Batteriefabrik eine Rede ersparen. Es war das einzige Mal, daß Holzinger einen Hinweis auf seine Küchensabotage gab« (56). Holzinger kommt eine wichtige Funktion innerhalb des komplexen Ringtausches zu, an dessen Ende Lena Brückers eigener Imbisswagen und die Entdeckung der Currywurst stehen: Er gibt ihr den Hinweis auf die alkoholkranke Wurstfabrikbesitzerin, bei der Lena Brücker schließlich Whisky gegen Würste tauschen kann.

**Lammers.** Lammers ist »erst spät in die Partei eingetreten, dann aber gleich gründlich, ein Hundertfünfzigprozentiger« (66). Als Blockwart ist er der Ansprechpartner für Denunzierungen. Dies und seine nachdrückliche Art, unangenehme Fragen zu stellen, führen dazu, dass er von der Nachbarschaft gehasst, angefeindet und ausgegrenzt wird. An Lena Brücker beißt er sich allerdings die Zähne aus: Sie »grüßte immer: Guten Tag, Herr Lammers. Und jedesmal sagte Lammers: Heil Hitler ist der deutsche Gruß, Frau Brücker« (69). Bevor 1936 ein Mann aus der Nachbarschaft, Hennig Wehrs, nach spöttischen Bemerkungen über die Nazis verhaftet und verhört wird, was Gerüchten zufolge auf Lammers zurückgeht, ist dieser eine Lachnummer. Hinter vorgehaltener Hand amüsiert man sich über seinen Glauben an Seelenwanderung und seine Überzeugung, in einem früheren Leben ein Hauptmann unter Napoleon gewesen zu sein und als dieser mit seinem Pferd in einem vereisten Fluss ums Leben gekommen zu sein (vgl. 66). »Unsern Eisbayer nannten ihn alle, allerdings nur, wenn er nicht in der Nähe war« (ebd.). Nach dem Tod Wehrs', der sich in der

Folge seines Verhörs umbringt, wird Lammers gemie-
den, obwohl es keine konkreten Anhaltspunkte für
seine Verstrickung in diesen Fall gibt. Der Erzähler findet später heraus, dass nicht Lammers der Denunziant
war, der für den Selbstmord von Wehrs mitverant-
wortlich war, sondern Frau Eckleben. Das Ende des
Dritten Reichs verkraftet der treue Hitler-Anhänger
nicht – er erhängt sich in seiner Uniform.

■ Falsch ein-
geschätzt

**Dr. Fröhlich.** Dr. Fröhlich ist der Betriebsleiter der
Lebensmittelbehörde und somit Lena Brückers Vorgesetzter. Er wird nach Kriegsende verhaftet und in
ein Internierungslager gebracht. Da er als reiner Mitläufer eingestuft wird, kommt er aber bereits im Ja-
nuar 1946 wieder frei. In seiner Position zurückgestuft zum Personalleiter, entlässt er Lena Brücker mit
sofortiger Wirkung.

■ Vorgesetz-
ter und
Mitläufer

**Hugo.** Der Altenpfleger Hugo verkörpert den Prototyp des Zivildienstleistenden. Er trägt einen Pferde-
schwanz und einen goldenen Ohrring, macht freund-
liche Bemerkungen über Lenas selbstgestrickten Pullover und gibt ihr so das Gefühl, nicht einfach eine
lästige Pflicht zu sein. »Mit Hugos Hilfe halte ich mich
hier [...], die wollen mich in die Pflegeabteilung ab-
schieben« (51) – so betont Frau Brücker selbst Hugos
Stellenwert für ihr Leben im Altersheim. Als der Erzähler nach einem halben Jahr Abwesenheit in das Altersheim zurückkehrt, ist Hugo zum Studieren fortgegangen.

■ Alten-
pfleger im
Altenheim

# 4. Form und literarische Technik

## 4.1 Gattung

Als der Erzähler auf den letzten Seiten das Paket öffnet, welches ihm die verstorbene Frau Brücker hinterlassen hat, entdeckt er das Originalrezept der Currywurst, das auf die Rückseite eines Kreuzworträtsels geschrieben ist. Es ist eines der Kreuzworträtsel, die Bremer in seiner Isolation in Lena Brückers Wohnung zu lösen versucht hat.

> »Fünf Wörter [...] sind noch ganz zu lesen: Kapriole, Ingwer, Rose, Kalypso, Eichkatz und etwas eingerissen – auch wenn es mir niemand glauben wird – Novelle.« (189)

■ Novelle

Auch im Untertitel wird *Die Entdeckung der Currywurst* als »Novelle« bezeichnet. Die Gattungsfrage scheint also schnell geklärt, und dennoch muss man untersuchen, welche der charakteristischen Novellenmerkmale sich am Text nachweisen lassen.

In der Literaturwissenschaft gibt es zahlreiche Charakterisierungen der Gattung Novelle mit unterschiedlicher Schwerpunktsetzung. Punkte, die in der Debatte immer wieder genannt werden und so eine Art Prototyp der Novelle schemenhaft aufscheinen lassen, sind die erzählerische Gestaltung einer »unerhörten Begebenheit« (Goethe) beziehungsweise einer

Neuigkeit, von etwas noch nicht Dagewesenem. Im Gegensatz zu Textsorten wie dem Märchen erweckt die Novelle den Anschein historischer Wahrheit, erzählt also entweder von Geschehnissen, die sich tatsächlich ereignet haben oder aber zumindest real vorstellbar sind. In der Novelle wird wie im Drama ein zentraler Konflikt entfaltet, der formal eine zielgerichtete, geradlinige und zügig voranschreitende Erzählstruktur und Handlungsführung erfordert. Die Geschlossenheit im Aufbau sowie klar erkennbare Wendepunkte, die den Umschlag der Handlung bedeuten, rücken die Novelle ebenfalls in die Nähe des Dramas. Weitere typische Merkmale sind die Rahmenerzählung und ein Dingsymbol, das den zentralen Konflikt der Handlung spiegelt.

■ Nähe zum Drama

Uwe Timm gibt in einem Werkstattgespräch über sein literarisches Schaffen selbst Auskunft darüber, inwiefern *Die Entdeckung der Currywurst* als Novelle betrachtet werden kann. Timm erklärt, dass er hier mit der Form der Novelle spiele. Ihn interessiere vordergründig das, was die Gattungsbezeichnung ursprünglich meinte: eine kleine Neuigkeit, etwas beiläufig Alltägliches. Für ihn gebe es kaum etwas Alltäglicheres als eine Currywurst, die man einfach zwischendurch im Stehen essen könne. Die von Goethe als wesentliches Merkmal der Novelle formulierte unerhörte Begebenheit sieht Timm in der zufälligen Entdeckung der Currywurst. Indem Timm das Alltägliche mit dem Neuen und Einmaligen verbindet, zi-

■ Spiel mit der Form

| Novellen-Elemente | Umsetzung bei Uwe Timm |
|---|---|
| »unerhörte Begebenheit« | *novella* (wörtl.): ›kleine Neuigkeit‹: Entdeckung (= »unerhörte Begebenheit«) von etwas Unscheinbarem (Currywurst) |
| Anschein historischer Wahrheit | Handlung ist zeitlich (Ende des Zweiten Weltkriegs – Ende 1947) und räumlich (Hamburg) eindeutig festgelegt |
| zentraler Konflikt | Liebesbeziehung auf der Basis einer Lüge (Verschweigen des Kriegsendes durch Lena Brücker) |
| geradlinige Handlungsstruktur | wird vom Ich-Erzähler angestrebt und hergestellt, Lena Brücker erzählt weit ausschweifend |
| Wendepunkte | Kriegsende (das Lena Brücker Bremer verheimlicht), Nachricht von KZ-Gräueln (Frau Brücker offenbart Bremer die Wahrheit, Ende der Beziehung) |
| Rahmenerzählung | Besuche des Ich-Erzählers im Altersheim (an sieben Tagen) |
| Dingsymbole | silbernes Reiterabzeichen, Strickpullover |

tiert und unterläuft er die literaturwissenschaftliche Definition der Novelle zugleich.[2]

Timms Spiel mit der Gattung kommt auch im sanften Kampf zwischen Frau Brücker und dem Erzähler zur Entfaltung. Ist novellentypisches Erzählen gebündelt, geradlinig und zügig auf ein Ziel voranschreitend, erzählt Frau Brücker weit ausholend, romanhaft, das Ende immer wieder aufschiebend, sich in ihrer Einsamkeit im Altersheim an glücklichere Tage zurückerinnernd (also eigentlich eine andere Geschichte als die von der Entdeckung der Currywurst), während der Ich-Erzähler immer wieder versucht, sie auf den Kern ihrer Erzählung, auf das, was ihn eigentlich interessiert, zurückzuführen. »Sie will Tausendundeine Nacht. Der Erzähler will nur eine kleine Neuigkeit wissen.«[3] Trotz der immer wieder aufgeschobenen Auflösung der Frage nach der Erfindung der Currywurst werden einige Nebenstränge, wie die Geschichte um Klaus Meyer oder das Schicksal des verschollenen Freundes der Tochter Edith zugunsten der Konzentration auf den ursprünglichen Erzählanlass nicht weiter ausgeführt. Einmal winkt Frau Brücker selbst ab, das sei eine andere Geschichte (vgl. 93), das

■ Tausendundeine Nacht vs. kleine Neuigkeit

---

2 Vgl. Hartmut Steinecke, »Die Entdeckung der Currywurst oder die Madeleine der Alltagsästhetik«, in: Manfred Durzak / Hartmut Steinecke (Hrsg.), *Die Archäologie der Wünsche. Studien zum Werk von Uwe Timm*, Köln 1995, S. 222.
3 Manfred Durzak, »Die Position des Autors. Ein Werkstattgespräch mit Uwe Timm«, in: Durzak/Steinecke (Anm. 2), S. 348.

andere Mal ist es der Erzähler, der die Handlung strafft und vorantreibt:

> »Ich mußte sie von Edith und dem vermißten Pionierleutnant ab- und wieder hinbringen zur Currywurst. [...] Wollen wir zum Großneumarkt fahren? Wir könnten eine Currywurst essen?« (159)

**Rahmen- und Binnenhandlung**

Die für die Struktur einer Novelle charakteristische Zweischichtigkeit von Rahmen- und Binnenerzählung liegt bei der *Entdeckung der Currywurst* vor. Die Besuche des Erzählers im Altersheim bilden zwar keinen kontinuierlichen, die Binnenerzählung vollständig umarmenden Rahmen, aber einen zyklischen, sich mit Passagen der Binnenerzählung, den Erzählungen Frau Brückers, abwechselnden Rahmen.

**Dingsymbol**

Als Dingsymbol kann das Reiterabzeichen angesehen werden, das Bremer selbst als seinen »Talisman« (31) bezeichnet und das schließlich auch Lena Brücker Glück bringen soll, indem es den komplizierten Ringtausch begründet, an dessen Ende ihre eigene Imbissbude steht. Als Dingsymbol kann auch der Pullover gelten, den Lena Brücker im Altenheim strickt, während sie dem Ich-Erzähler ihre Geschichte erzählt. Er steht für das Erzählgewebe, in dem sie Fäden aufnimmt und fallen lässt und ein Gesamtbild entstehen lässt.

**Wendepunkt**

Als Wendepunkte lassen sich zum einen das Kriegsende und Lena Brückers Entschluss, Bremer selbiges

Abb. 4: Großneumarkt in Hamburg, 1950. – Foto: Albert Petersen, mit freundlicher Genehmigung von Lutz Petersen

zu verschweigen,[4] und zum anderen die Nachricht von den KZ-Gräueln[5] ausmachen, welche zur Beendigung der Beziehung von Lena Brücker und Bremer führt.

**■ Anschein historischer Wahrheit**

Die Forderung nach Authentizität, nach dem Anschein historischer Wahrheit erfüllt *Die Entdeckung der Currywurst* ohne Abstriche. Die Geschichte ist in den historischen Kontext des Zweiten Weltkriegs eingebettet, referiert zahlreiche verbürgte Ereignisse und Personen und spielt an real existierenden Orten. Die Grenzen von Fiktion und Wahrheit verschwimmen sogar so überzeugend, dass Frau Brücker als vermeintliche Erfinderin der Currywurst vorübergehend eine Ehrenplakette auf dem Hamburger Großneumarkt gewidmet wurde.

## 4.2 Aufbau und Erzähltechnik

*Die Entdeckung der Currywurst* besteht aus sieben Kapiteln, und sieben Nachmittage sind es auch, die der Erzähler bei Frau Brücker im Altersheim verbringt. Diese Nachmittage bilden wie bereits erwähnt die Rahmenhandlung der Novelle. Den Erzählanlass begründet der Erzähler selbst, indem er einer Erinnerung aus seiner Kindheit, der Geschichte, wonach

---

4 Vgl. Heinz Gockel, »Vom ästhetischen Nutzen der Currywurst«, in: Friedhelm Marx (Hrsg.), *Erinnern, Vergessen, Erzählen. Beiträge zum Werk von Uwe Timm*, Göttingen 2007, S. 230.
5 Vgl. Steinecke (Anm. 2), S. 228.

Frau Brücker die Erfinderin der Currywurst sei, nachgehen möchte. Die Spurensuche, die neben den Erzählungen der alten Frau Brücker noch eigene Recherchen des Erzählers beinhaltet, kann beginnen, als er
die mittlerweile erblindete 86-jährige Frau Brücker in
einem Altersheim findet.

### 4.2.1 Erzählebenen

Die Novelle enthält zwei Erzählebenen, zwischen
denen häufig gewechselt wird. Auf der ersten Erzählebene möchte der Ich-Erzähler die Geschichte der
Currywurst erfahren – ihr zuzuordnen sind die Nachmittage im Altersheim, die beiden Ausflüge nach
Hamburg, die Recherchen des Erzählers, seine persönlichen Erinnerungen an seine Kindheit und seinen Vater und natürlich der Schluss, als er von Frau
Brückers Tod erfährt und das ihm hinterlassene Päckchen entgegennimmt.

■ Zwei Erzähl-
ebenen

Die zweite Erzählebene reicht weit in die Vergangenheit zurück und wird vor allem durch die drei Wochen, die Bremer bei Lena Brücker verbringt, konsti-
tuiert. Darüber hinaus sind ihr aber auch die weiteren
erzählten Abschnitte aus Lena Brückers Leben zuzuordnen – wie zum Beispiel die Erinnerungen an ihre
Ehe oder an die Anfänge des Imbisses. Der Haupt-
strang der zweiten Erzählebene wird vom Erzähler
durch die historischen Ereignisse, vor deren Kulisse
er sich abspielt, exakt datiert. Lena Brücker und Bremer lernen sich in der Nacht vom 29. auf den 30. April

1945 kennen und verbringen drei gemeinsame Wochen in Lena Brückers Wohnung. Aufgrund der Information, dass Lena Brücker zu diesem Zeitpunkt 43 Jahre alt ist, und mit dem Wissen, dass sie 86-jährig stirbt, lässt sich die erste Erzählebene auf das Jahr 1988 datieren. »Manchmal verbinden sich die Ebenen aufs Schönste, etwa wenn Bremer ›tosca‹ schwärmt, wenn er etwas besonders Leckeres aufgetischt bekommt. Und ›tosca‹ sagt Lena Brücker im Altenheim, als sie sich ein Goudastück in den Mund schiebt. Manches bleibt, und sei es nur ein Wort.«[6]

Immer wieder initiiert der Erzähler Sprünge zwischen den beiden Erzählebenen. Verweilt Frau Brücker sehr lange auf der zweiten Erzählebene, ohne sich dem Currywurst-Geheimnis weiter zu nähern, versucht er mit Zwischenfragen, die den Leser zurück auf Erzählebene eins führen, Einfluss auf den Verlauf ihres Erzählens zu nehmen und seinem eigentlichen Ziel wieder näherzukommen. Diese Form des Einflussnehmens führt direkt zu einer näheren Betrachtung der Erzählperspektive.

---

6 Markus Kirchgessner, »Die Entdeckung der Currywurst. Buchvorstellung 2009«, www.abendblatt.de/kultur-live/ buecher/article107982513/Die-Entdeckung-der-Currywurst. html (6. 9. 2016).

### 4.2.2 Erzählperspektive

Federführend in der Novelle ist ganz klar der Ich-Erzähler, der den Rahmen des Erzählten setzt, als Zuhörer und Fragender ständig anwesend ist und entscheidend in die Geschichte eingreift.[7] Es ist auch sein Interesse an der Geschichte der Currywurst, das die
Erzählung überhaupt erst veranlasst. Mit der alten
Frau Brücker kommt aber stellenweise noch eine
zweite Ich-Erzählerin hinzu, deren Redeanteile im
dialektalen Originalton wiedergegeben werden. Der
Großteil der Erzählung auf Ebene zwei ist jedoch in
einer Er- bzw. Sie-Form gehalten. Von Lena Brücker
und Bremer wird jeweils in der dritten Person erzählt,
was darauf schließen lässt, dass der Ich-Erzähler die
ursprünglich mündliche Erzählung Lena Brückers
selbst neu strukturiert hat. Das an sich personale Erzählverhalten der Ich-Erzählerin Frau Brücker wird
dahingehend ausgeweitet, dass der Leser auch erfährt,
was Bremer allein in der Wohnung macht, als Lena
Brücker gar nicht zugegen ist. Wahrscheinlich handelt
es sich im Sinne der oben angesprochenen Neustruk-
turierung um nachträgliche Additionen des Erzählers. Woher zum Beispiel sollte Lena Brücker wissen,
wie es Bremer beim ersten Kennenlernen seines Sohnes ergangen ist? Dass er nicht reine Vaterliebe, sondern vielmehr Eifersucht empfand, dass er das Klein-
kind gegen seinen Willen als Störfaktor des Zusam-

■ Ich-Erzähler
× 2?

7  Vgl. Steinecke (Anm. 2), S. 219.

menseins mit seiner Frau erlebte? Sie entdeckt nur zufällig das Foto, das Bremer mit seiner jungen Familie zeigt (vgl. 143). Ihr gegenüber verleugnet er Frau und Kind, und sie behält ihre Entdeckung für sich. Ebenso wenig kann sie Bremers Gedanken kennen, als er kurz vor ihrem Wiedersehen an der Imbissbude zu ihrem Fenster hochblickt und sich sagt: »schön wäre es, wenn er immer noch da oben säße, nicht als Vertreter reisen müßte« (183). Der Erzähler wird an Stellen wie dieser vorübergehend zum auktorialen Erzähler, der es vermag, Gedanken und Gefühle von verschiedenen Figuren wiederzugeben. Dies stellt einen beträchtlichen Eingriff in die Erzählung Frau Brückers dar.

■ Auktorialer Erzähler

### 4.2.3 Weitere Eingriffe des Erzählers

Sieben Nachmittage verbringt der Ich-Erzähler bei Frau Brücker im Altersheim. Die Währung für die Fortsetzung ihrer Geschichte ist jedes Mal dieselbe: ein Stück Torte und seine Geduld. Frau Brücker macht von Beginn an keinen Hehl daraus, dass er die Antwort auf seine Frage nicht einfach so erhalten wird.

»Is ne lange Geschichte, sagte sie. Mußte schon n bißchen Zeit haben.« (15)

Bevor der Erzähler die Rahmenhandlung und somit Erzählebene eins zum ersten Mal verlässt und in die Binnengeschichte eintaucht, kündigt er an, die wenig chronologische, das Ende immer wieder hinausschiebende Erzählung Frau Brückers kürzen, begradigen und verknüpfen zu müssen. Er macht kein Geheimnis daraus, dass er ihre Erinnerungen nicht wörtlich wiedergibt, sondern sie bearbeitet. So ist er es auch, der den Beginn der Geschichte exakt datiert:

> »Ich lasse die Geschichte am 29. April 1945 an einem Sonntag beginnen.« (16)

Die auf diese Ankündigung folgenden detaillierten Wetter- und Temperaturangaben verweisen exemplarisch auf sein Auf- und Ausarbeiten des Gehörten – ist es doch sehr unwahrscheinlich, dass die alte Frau Brücker sich erinnert, wie viel Grad es am 29. April vor über 40 Jahren hatte. Diese explizit angekündigten Eingriffe in die Struktur der gehörten Geschichte verheißen die grenzenlose Freiheit, die der Erzähler in der Gestaltung des ihm vorliegenden Stoffes genießt.[8]

Auch an weiteren Stellen konkretisiert er den zeitgeschichtlichen Kontext und ergänzt Frau Brückers Erinnerungen durch eigene Recherchen. So erfährt er beispielsweise von der alten Frau Eckleben den Grund dafür, warum diese Lena Brücker nach anfänglichem Misstrauen plötzlich freundlich, gar verschwörerisch augenzwinkernd begegnete – etwas, worüber Lena Brücker damals sehr verwundert war, konnte sie doch nicht wissen, dass ihre neugierige Nachbarin vermu-

**Kürzen, begradigen, reorganisieren**

**Freiheit des Erzählers**

**Ergänzung durch Recherche**

8 Vgl. Steinecke (Anm. 2), S. 220.

tete, sie verstecke ein Parteimitglied. Noch wichtiger sowohl für das Verständnis der Brisanz der Situation, in die sich Lena Brücker mit ihrer bedingungslosen Aufnahme Bremers gebracht hat, als auch für ein vertiefendes Verständnis der Figur des Blockwarts Lammers sind die Rechercheergebnisse des Erzählers in Bezug auf Frau Eckleben. In Archivberichten erfährt er, dass nicht Lammers die Berichte für die Gestapo geliefert hat, sondern Frau Eckleben. Aufgrund ihrer Aussage wurde Wehrs verhaftet und gefoltert, eine Tat, für die die Nachbarschaft zeit seines Lebens Lammers verantwortlich gemacht hat (vgl. 120).

Auch Frau Brückers Bericht über die Wirkung, die der Curry auf den niedergeschlagenen und heimwehkranken Bremer in Indien gehabt haben soll, verifiziert er durch die Aussage eines befreundeten Ethnologen – nicht ohne explizit zu betonen, dass dieser ein »überzeugter Rationalist« sei (112).

Des Weiteren recherchiert er im Archiv der Hamburger Staatsbibliothek in den Tageszeitungen die Berichterstattung der Tage vor und nach der Kapitulation Hamburgs (vgl. 112 f.). So gelingt es ihm, die subjektive Schilderung der Erinnerungen Lena Brückers in einen größeren Kontext einzubetten und ein nachträgliches Erfassen der Gesamtsituation zu ermöglichen (auch wenn er sich auch hier zugunsten der dichterischen Freiheit im Detail nicht immer als zuverlässig erweist, etwa was die genauen Daten von Hitlers Tod und der Kapitulation der Stadt Hamburg betrifft; vgl. oben Kap. 2, S. 11).

## 4.3 Sprache und Stil

Weite Teile des Textes, diejenigen, die aus der Sicht Frau Brückers erzählt werden, sind geprägt von umgangssprachlichen Formulierungen und Dialekt. ■ Dialekt
»Hab immer viel Knööv gehabt, hab das rangezogen, gelb wars. […] Was iss n, brüllt Gary. Treck, verdammi, treck! Un hol di fast!« (100). Der Erzähler verweist darauf, dass Lena Brücker Bremer die Geschichte von Garys Schmuggelgeschäft »wohl kaum mit diesem dialektalen Anklang [erzählt haben wird], der sich erst später, im Alter, verstärken sollte, was ich übrigens auch bei meiner Mutter beobachten konnte, die, je älter sie wurde, desto stärker hamburgerte« (102). Die umgangssprachliche Ausdrucksweise und der oftmals parataktische Satzbau, bei dem sich selbständige Sät- ■ Parataxe
ze, Wortgruppen oder auch nur einzelne Wörter aufzählend aneinanderreihen, lassen Frau Brückers Sprache einfach wirken. »Curry, nee, gabs doch nicht. War doch Krieg. Nee, so einfach war das nicht« (51). Die kurzen, aneinandergereihten Sätze und Satzteile sorgen zudem dafür, dass der Leser unmittelbar in die erzählte Situation hineinversetzt wird. Sie vermitteln das Gefühl von sich soeben abspielenden Ereignissen. »Nein. Die Stadt ist im Arsch! Schon längst. Platt. Verstehste. Nix. Gauleiter Handke abgehauen« (147), lässt der Ich-Erzähler Lena Brücker an einem Wendepunkt der Novelle direkt zu Wort kommen, als sie Bremer das Ende des Kriegs offenbart.

# 5. Quellen und Kontexte

## 5.1 Autobiographischer Kontext

Eine Hauptquelle für die Stoffgeschichte ist Uwe Timms eigene Biographie, die an vielen Stellen in die Novelle Eingang gefunden hat. Neben den bereits angesprochenen Gemeinsamkeiten des Autors mit dem Ich-Erzähler ist auch ein doppeltes Porträt des Vaters von Uwe Timm – Hans Timm – erkennbar. Hans Timm taucht in der Figur des Vaters des Erzählers auf und leistet mit der Herstellung des Fehmantels einen wichtigen Beitrag zum Ringtausch, der Lena Brücker schließlich die Bewirtschaftung ihres Imbissstands ermöglicht. Die Erinnerungen des Erzählers an seinen Vater, die er in Lena Brückers Bericht vom komplizierten Tauschhandel einschiebt, gleichen dem, was Uwe Timm in *Am Beispiel meines Bruders*, einer autobiographischen Erzählung über seine Familiengeschichte, über seinen Vater preisgibt. Timm erinnert sich an das Bild des Vaters, der, neben sich ein Handbuch aufgeschlagen, an der Pelznähmaschine sitzt und seinen ersten Pelzmantel anfertigt. Es ist ein Mantel aus Fehfellen, der für die Frau eines englischen Intendanturrats bestimmt ist[9] – ganz wie der Mantel, den Lena Brücker beim Vater des Erzählers in Auftrag gibt (vgl. 173 ff.). Betrachtet man die Beschreibungen des Vaters in *Am Beispiel meines Bruders*, entdeckt

> **Erinnerungen an den Vater**

9 Vgl. Martin Hielscher, *Uwe Timm*, München 2007, S. 18.

man auffällige Parallelen zur Gestaltung der Figur Gary Brückers, des Ehemannes von Lena Brücker. Uwe Timm schreibt über seinen Vater als den »charmante[n] Plauderer mit den guten Umgangsformen«[10] und erinnert sich ebenfalls daran, dass er es verstand, am Klavier spielend die Aufmerksamkeit auf sich zu ziehen und die Leute für sich einzunehmen[11] – ganz ähnlich, wie Gary Brücker es mit seinem Kammspiel zu tun pflegt.

Doch die Erinnerung an den Vater ist bei weitem nicht die einzige autobiographische Spur, die sich in der *Entdeckung der Currywurst* findet. Besonders bedeutsam für das spätere Schreiben Uwe Timms waren die Gespräche, die Timm in seiner Kindheit und frühen Jugend in der Küche seiner Tante Grete, der Schwester des Vaters, aufschnappt. In dieser Küche geht der Gesprächsstoff niemals aus. Es werden alltägliche und außergewöhnliche Geschichten erzählt, Geschichten über das Leben und die Liebe, über Unglücksfälle, Schicksalsschläge und Verbrechen. Der junge Uwe Timm hört dort gegen den Willen seines Vaters, »wie in einer lebendigen, kraftvollen, farbigen Sprache die gleichen Begebenheiten immer neu erzählt, variiert und ausgeschmückt und umgedichtet werden, wie die Wirklichkeit gedeutet und verändert wird, wie Hoffnungen und Wünsche sich manifestieren«.[12] Es ist diese Küche, in der der Erzähler der *Ent-*

■ Die Erzählküche

---

10  Uwe Timm, *Am Beispiel meines Bruders*, Köln 2003, S. 87.
11  Ebd., S. 81.
12  Ebd., S. 26.

*deckung der Currywurst* Frau Brücker kennenlernt. Der Erinnerung daran wird er auf seiner Suche nach der Geschichte der ersten Currywurst nachspüren.

**Hommage an die Mutter**

Die Figur der Lena Brücker kann stellenweise als Hommage an Timms Mutter Anna gesehen werden – wenn diese sich auch nicht so unverhüllt präsentiert wie das Porträt des Vaters. Neben einigen äußerlichen Gemeinsamkeiten wie dem ähnlichen Alter, in dem die beiden Frauen sterben (Uwe Timms Mutter mit 89 Jahren, Lena Brücker mit 86 Jahren), oder dem Hinweis auf ihre lebenslange Unermüdlichkeit und ihren Fleiß (Lena Brücker hebt hervor, sie habe dreißig Jahre lang jeden Tag im Imbiss gestanden; vgl. 160 – Uwe Timm berichtet in *Am Beispiel meines Bruders*, seine Mutter habe bis zu einem Alter von 82 Jahren täglich im Kürschnergeschäft der Familie gearbeitet) ist es auch das Erzähltalent seiner Mutter, an das sich Timm erinnert und das einen signifikanten Zug in Lena Brückers Charakter konstatiert.[13]

## 5.2 *Die Entdeckung der Currywurst* im Werkkontext Uwe Timms

**Vorausblicke auf *Die Entdeckung der Currywurst***

Neben den Rückgriffen auf die eigene Biographie, die charakteristisch sind für das Schreiben Uwe Timms, finden sich auch zahlreiche literarische Bezüge, durch die seine Romane und Erzählungen miteinander verknüpft sind. So wird *Die Entdeckung der Currywurst*

13   Vgl. ebd., S. 112.

bereits in Timms 1991 erschienenem Roman *Kopf-jäger* angekündigt. Frau Brücker taucht hier als Gast in der Küche der Großmutter auf; von ihr heißt es, sie sei die Erfinderin der Currywurst. Was es damit auf sich hat, wird in der zwei Jahre später erschienenen Novelle schließlich aufgedeckt. Timm selbst bezeichnet *Die Entdeckung der Currywurst* als »Sproß des *Kopfjägers*«[14] und verweist auf die Verwandtschaft der beiden Werke. »Es ist ein Buch über das Erzählen [...]. Es ist ein Buch über Lüge und Wahrheit, das beim Erzählen [...] eine wichtige Rolle spielt. Es ist auch ein Buch über Bedürfnisse, wie Bedürfnisse entstehen und wie man sie weckt und befriedigt, ein Buch über Wünsche und Träume.«[15]

In seinen Paderborner Poetik-Vorlesungen im Jahr 1992 erwähnt Timm den Stoff der *Currywurst* ebenfalls und kündigt das Erscheinen der Novelle an: »Wann und wo ist die Currywurst entstanden? Und wer hat sie erfunden? Haben mehrere an diesem Rezept gearbeitet? Oder gibt es einen Entdecker der Currywurst? Mich beschäftigen diese Fragen schon seit Jahren. Jetzt schreibe ich eine Novelle darüber.«[16]

Das Wiederauftauchen von Motiven in verschiedenen Werken setzt sich weiter fort, so dass man nach der Lektüre der *Entdeckung der Currywurst* in einem späteren Roman Timms wiederum auf Bekanntes trifft: Der Kartoffelexperte Heinz, ein Onkel des Er-

14  Durzak (Anm. 3), S. 347.
15  Ebd.
16  Uwe Timm, *Erzählen und kein Ende*, S. 34

zählers (und auch ein Onkel Uwe Timms), von dem
Lena Brücker Bremer erzählt (vgl. 59), findet Eingang
in den Roman *Johannisnacht* von 1996.

## 5.3 Zeitgeschichtlicher Kontext

Den historischen Kontext der Novelle bildet eine zentrale Phase der deutschen Geschichte. Die gemeinsame Zeit von Lena Brücker und dem fahnenflüchtigen
Soldaten Bremer, die den Kern der Handlung formiert,
ist im Frühjahr 1945 und somit um den Zeitpunkt der
Kapitulation des Nazi-Regimes angesiedelt. Auch
wenn die titelgebende Entdeckung der Currywurst
erst Jahre später stattfindet und mit der Rahmenhandlung nochmals eine ganz andere Zeit hinzukommt,
liegt der Fokus klar auf den sich überschlagenden Ereignissen der letzten Kriegstage in Hamburg.

**Kriegsende in Hamburg**

Der Zweite Weltkrieg dauerte von 1939 bis 1945.
Die Stadt Hamburg ist im Frühjahr 1945 schon sehr
stark vom Krieg gezeichnet. Zahlreiche Wohngebäude sind zerstört, die Zahl der Opfer der Bombenangriffe groß. Die britischen Streitkräfte stehen Ende
April vor den Toren der Stadt. Obwohl Hamburg keinerlei Chancen auf eine Verteidigung hat, erklärt Hitler die Hansestadt zur Festung – er fordert den Kampf
bis zum bitteren Ende. Für die Fortführung seiner
harten Linie bestimmt Hitler am 29. April, dem Tag
vor seinem Selbstmord, Karl Dönitz zu seinem Nachfolger. Dies ist auch der Tag, an dem der Erzähler die
Geschichte von Lena Brücker und Hermann Bremer

beginnen lässt: »Ich lasse die Geschichte am 29. April 1945, an einem Sonntag beginnen. [...] 3.30: Hitler diktiert sein politisches Testament. Großadmiral Dönitz soll seine Nachfolge als Staatsoberhaupt und Oberbefehlshaber antreten. 5.30: Die Engländer gehen bei Artlenburg über die Elbe. Hamburg soll als Festung bis zum letzten Mann verteidigt werden« (16 f.; hier stimmen die historischen Daten bis hin zu den Uhrzeiten). Aufgrund der aussichtslosen Lage entscheiden sich Stadtkommandant Alwin Wolz und Reichsstatthalter Karl Kaufmann jedoch für eine bedingungslose Kapitulation. Die Nachricht, dass Hitler am Nachmittag des 1. Mai (so die Novelle, 86; historisch korrekt: 30. April) »gefallen« sei, zwingt sie zum schnellen Handeln. Dönitz, der nicht in die Verhandlungen eingebunden war und zunächst Durchhaltebefehle gegeben hat (vgl. ebd.), stimmt der kampflosen Übergabe der Stadt schließlich auch zu. Am 2. Mai 1945 (historisch korrekt: 3. Mai) wird Hamburg an die Briten übergeben. »Die Engländer sind schon im Rathaus, der Stadtkommandant General Wolz hat die Stadt kampflos übergeben« (92), heißt es in der Novelle. Lena Brücker erfährt über eine Radiodurchsage in der Kantine von der Kapitulation und verlässt – dem Aufruf von Gauleiter Kaufmann, sich als »würdige Deutsche« (87) zu zeigen, zum Trotz – beschwingt ihren Arbeitsplatz. Dies ist der zeitgeschichtliche Hintergrund, vor dem die Handlung nun ihre entscheidende Wendung nimmt: Lena Brücker verschweigt Bremer das Kriegsende in Hamburg.

# 6. Interpretationsansätze

## 6.1 Motivik und Symbolik

Das Erkennen von Motiven und Symbolen und die Entschlüsselung ihres Sinngehaltes, der durch sie transportierten Botschaften und Themen, ist ein wichtiger Schritt auf dem Weg zum Verständnis und zur Interpretation eines Werkes. Motive und Symbole gelangen nicht zufällig in eine Geschichte, sie sind Konstruktionen des Autors, der sie bewusst an kompositorisch wichtigen Stellen seiner Handlung platziert. Ihre genaue Bedeutung ist aber nicht festgelegt oder vorgeschrieben, ganz im Gegenteil: Das Decodieren von Motiven und Symbolen eröffnet Möglichkeiten der Interpretation, keine Gewissheit.

■ Motiv: wiederkehrender inhaltlicher Baustein

Es gibt in der Literaturwissenschaft keine universal anerkannte Definition dessen, was ein Motiv genau ist. Allgemein wird darunter ein wiederkehrendes inhaltliches Element in der Erzählung verstanden, das ein bestimmtes Thema in die Handlung einbringt. Ein Symbol hingegen ist anschaulicher und bildkräftiger als ein Motiv. In ihm verdichtet sich eine Erfahrung oder ein Erlebnis, es steht stellvertretend für eine Idee, es lässt sich ›übersetzen‹. Nur selten sind Symbole mit einer eindeutigen Aussage verknüpft. Sie lassen meist verschiedene Deutungen zu, die aber möglichst genau am Text belegt werden müssen. Hier kommt es also wieder darauf an, genau zu untersuchen, welche Rolle sie innerhalb einer Erzählung spie-

■ Symbol: verdichtete Erfahrung

len, an welchen Stellen der Handlung sie auftauchen und welche Bedeutung sie im gesamten Textzusammenhang haben könnten.

*Die Entdeckung der Currywurst* enthält, neben den bereits angesprochenen für die Novelle charakteristischen Dingsymbolen (vgl. Kap. 4.1, S. 60), noch einige weitere Symbole und Motive, deren mögliche Bedeutung im Folgenden aufgezeigt werden soll.

## 6.1.1 Die Märchenzahl Sieben

Schon zu Beginn, als der Erzähler den Rahmen absteckt, in dem sich die Binnengeschichte um die Entdeckung der Currywurst entfalten wird, stolpert der Leser über eine symbolträchtige Zahl[17]:

> »Siebenmal fuhr ich nach Harburg, sieben Nachmittage der Geruch nach Bohnerwachs, [...] siebenmal half ich ihr, die sich langsam in den Abend ziehenden Nachmittage zu verkürzen. [...] Siebenmal Torte, siebenmal schwere süßmassive Keile [...], siebenmal brachte ein freundlicher Zivildienstleistender namens Hugo rosafarbene Pillen gegen zu hohen Blutdruck, siebenmal übte ich mich in Geduld« (15).

■ Sieben Nachmittage, siebenmal Torte

Die Zahl Sieben spielt in Märchen und Mythen eine prominente Rolle. Schneewittchen lebt bei den sie-

17  Vgl. Gockel (Anm. 4), S. 223.

ben Zwergen, der Wolf will sieben junge Geißlein fressen, das siebte entwischt ihm jedoch und wird ihm zum Verhängnis, im Schöpfungsmythos der Genesis hat Gott die Welt in sieben Tagen erschaffen – auch hier hat der siebte Tag eine besondere Bedeutung, indem Gott ihn zum Ruhetag auserkoren hat. Die Zahl Sieben, die neben der handlungsinternen Verwendung auch in der Anzahl der Kapitel wiederkehrt, ist nur schwerlich zufällig in die Geschichte gekommen. Die symbolisch aufgeladene Märchenzahl deutet an, dass an den sieben Nachmittagen im Altersheim ein »märchenhafter Raum des Erzählens«[18] geöffnet wird – ein Hinweis darauf, dass hier nicht dem Wunsch des Erzählers entsprechend die Weitergabe einer einfachen Information im Fokus stehen wird, sondern der Vorgang des Erzählens an sich – detailfreudig, weitschweifend und ausschmückend. Die Zahl Sieben steht so für den Anteil der Lena Brücker an der gesamten Erzählung, die der Autor Uwe Timm als Spannungsverhältnis zwischen den beiden Erzählern angelegt hat: Sie will eigentlich von ihrer glücklichsten Lebensphase (»Märchen«) erzählen, der Ich-Erzähler nur kurz erfahren, wie sie die Currywurst entdeckt hat.

■ Märchen-
hafter
Erzählraum

---

18  Steinecke (Anm. 2), S. 218.

## 6.1.2 Der Pullover

Die alte Frau Brücker begleitet dieses Erzählen an allen Besuchsnachmittagen mit dem Stricken eines
Pullovers, der ursprünglich für ihren Urenkel Christian bestimmt ist, den sie am Ende aber dem Erzähler
vermachen wird. Immer wieder hält sie in ihren Erzählungen kurz inne, um Maschen zu zählen oder
nach einem anderen Faden zu tasten, um dann im
nächsten Moment das Stricken und das Erzählen zeit-
gleich wieder aufzunehmen. Am Ende, nach vielen
Verflechtungen, Farbwechseln und der Wiederauf-
nahme von losen Fäden (den tatsächlichen und den
metaphorischen Erzählfäden), entsteht in beiden Fällen ein Gesamtkunstwerk: der fertige Pullover mit
einem mehrfarbigen Landschaftsmotiv, »ein kleines
Strickkunstwerk« (15), und eine umfangreiche Erzählung, die letztlich auch die Umstände der Entdeckung
der Currywurst beinhaltet, aber in erster Linie Ein-
blick in die wohl wichtigste und prägendste Zeit in
Lena Brückers Leben gibt. In beiden Fällen ist sie diejenige, die die Fäden (anstelle der sonst sprichwörtli-
chen Zügel) in der Hand hält. Sie bestimmt das Landschaftsmotiv des Pullovers (»hellbraun zwei Hügel,
dazwischen ein Tal, auf dem rechten Hügel die Tanne,
dunkelgrün, darüber der Himmel, eine knallgelbe
Sonne, und […] eine kleine weiße Wolke, etwas zer-
fasert entschwebte sie ins Blau«; 186 f.), und sie bestimmt auch darüber, was und wie sie erzählt – sowohl dem Erzähler als auch seinerzeit Bremer. Mit der

■ Stricken
und Erzäh-
len

Parallelisierung von Erzähl- und Strickfäden greift Uwe Timm ein gängiges Motiv auf, das auf die etymologische Herleitung des Begriffs »Text« zurückzuführen ist: Das lateinische *textus* ist abgeleitet von *texere* ›weben‹ und bedeutet eigentlich ›Gewebe, Geflecht‹, übertragen dann auch ›Zusammenhang der Rede‹.

Auch wenn am Ende der Erzähler Lena Brückers Geschichte durch seine Eingriffe (vgl. Kap. 4, S. 66 f.) zu seinem Kunstwerk machen wird, ist sie es, die durch ihre Entscheidungen das Leben Bremers bestimmt. Ihre Lüge das Kriegsende betreffend macht ihn zeitweise zum Faden in ihrem Lebensgeflecht – sie kreiert sich ein Bild, ein Szenario, in dem er noch eine Weile bei ihr bleibt, anstatt zu seiner Frau und seinem Sohn zurückzukehren, und spinnt so an seinem Schicksal – ein wenig wie die griechischen Schicksalsgöttinnen, die Moiren (lateinisch Parzen): die drei Schwestern Klotho (die den Lebensfaden spinnt), Lachesis (die die Länge des Lebensfadens festsetzt) und Atropos (die schließlich den Lebensfaden abschneidet). Auch auf diese Figuren der griechischen Mythologie wird mit dem Strickmotiv verwiesen. Das Stricken steht insofern nicht nur für das Erzählen selbst, sondern auch als Symbol für Lena Brückers Verhalten gegenüber Bremer. Es ist mehrdeutig.

### 6.1.3 Das Reiterabzeichen

Abb. 5: Deutsches Reiterabzeichen in Silber

Das silberne Reiterabzeichen Bremers stellt neben der Zahl Sieben und dem Pullover ein besonders wichtiges Symbol dar, das an entscheidenden Stellen der Handlung immer wieder auftaucht und das die Liebesbeziehung zwischen Lena Brücker und Bremer mit der Geschichte der Currywurst verbindet. Lena Brücker entdeckt es zum ersten Mal, als sie Bremer am Abend ihrer ersten Begegnung zu sich nach Hause mitnimmt. Sie wundert sich darüber, wie ein Boots-

■ Verbindungsglied zwischen Liebesgeschichte und Geschichte der Currywurst

■ Glücks-
bringer

mann an ein Abzeichen der Kavallerie kommt, Bremer
selbst bezeichnet es als seinen Glücksbringer (vgl. 27).
Er erzählt, dass die Verwunderung, mit der die Leute
dieses Abzeichen betrachten, ihn mit anderen ins Gespräch bringe und er so auch seinen Posten in der Kar-
tenkammer im Stab eines Admirals in Norwegen erlangt habe, eine im Vergleich zu seiner bisherigen Tä-
tigkeit auf einem Vorpostenboot, dessen Aufgabe es
ist, das Küstengebiet gegen Luft- oder U-Boot-An-
griffe zu sichern, weniger gefährliche Aufgabe. »Er
wäre sonst längst bei den Fischen« (27), erklärt Bremer
die glücksbringende Funktion des Abzeichens. Er-
worben hat Bremer, der auf den Pferden seines Vaters
das Dressurreiten lernte, das Reiterabzeichen während seiner Zeit in der Strandbatterie auf Sylt – die Insel war vom Krieg unberührt, und so blieb ihm genug
freie Zeit, um im örtlichen Reitstall die Prüfung für
das Reiterabzeichen abzulegen. Bremer mutmaßt nun
aber, dass die glückbringende Wirkung des Abzeichens ein Ende habe, da er befürchtet, es habe den Of-
fizier nach seinem Urlaub in Braunschweig erst darauf
gebracht, ihn zu einer Panzerjagd-Einheit abzukom-
mandieren, anstatt ihn nach Oslo zurückkehren zu
lassen (vgl. 31). Trifft Bremers Vermutung zu, so ist
das Reiterabzeichen letztlich Auslöser dafür, dass er
überhaupt in die Lage kommt, vor diesem »Irrsinn«
(31) zurückzuschrecken und sich als Deserteur bei Lena Brücker zu verstecken. Es ist die erste Wendung,
die das Reiterabzeichen der Erzählung gibt.

Als Bremer Lena Brücker ohne ein Wort des Abschieds verlässt, nimmt er den grauen Designer-Anzug ihres Mannes mit und lässt im Gegenzug seine alte Marineuniform samt dem Reiterabzeichen im Schrank hängen. Durch diesen »Tausch« geht es sozusagen in Lena Brückers Besitz über und wird einige Jahre darauf zum Ausgangspunkt des komplizierten Ringtausch-Geschäfts.

■ Grundstein des Ringtauschs

> »Damit konnte der Ringtausch beginnen. Sie tauschte das silberne Reiterabzeichen gegen das Holz, das Holz gegen das Chloroform, das Chloroform gegen die Fehfelle.« (173)

Als ihr schließlich statt des für den Fehmantel versprochenen Pflanzenöls wahlweise Speck oder eine Dose Currypulver angeboten wird, muss sie

> »an Bremer denken, an die Nacht, als sie auf der Matratzeninsel nebeneinanderlagen und er ihr diese Geschichte erzählt hatte, wie der Curry die Schwermütigen rettet, wie er im Traum über sich selbst lachen mußte, daß ihm die Rippen weh taten, und daß sie alles ja für seinen Glücksbringer, dieses silberne Reiterabzeichen, bekam« (177 f.).

Die Erinnerung an die schöne gemeinsame Zeit, die der Curry bei ihr auslöst, führt dazu, dass sie »gegen jeden ökonomischen Sinn und Verstand« (178) das Currypulver anstelle des leicht zu verkaufenden Specks wählt, ohne zu wissen, was sie damit anfan-

■ Erinnerungen an Bremer

gen soll. Als sie zum ersten Mal in ihrem Leben Curry probiert, ist sie schockiert:

> »Gräßlich. [...] Wo hatte ich meine fünf Sinne? Was soll ich mit dem Zeug? [...] Ich hatte das Reiterab-zeichen [...] gegen etwas Ungenießbares einge-tauscht.« (178)

Die Gedanken an das Currypulver, die eigentlich Ge-danken an Bremer sind, lassen sie kurz darauf beladen mit Ketchup und dem Curry im dunklen Treppen-haus stolpern. Sie denkt an ihre »schöne Eintracht« (179), an den Streit, an sein Verschwinden und an ihre Scham darüber, dass sie ihn belogen hatte, und daran, nie die Gelegenheit gehabt zu haben, ihm ihre Be-weggründe zu erklären. Das zufällige Ergebnis ihres Sturzes, das sie sich gedankenverloren von den Fin-gern leckt, kuriert ihre Schwermut. Lachend steht sie in der Küche, in der sich ein »Duft wie aus Tausend-undeiner Nacht« (181) ausbreitet, und isst die erste Currywurst. Das Reiterabzeichen spielt also in zwei-facher Hinsicht eine tragende Rolle bei der Entde-ckung der Currywurst und verbindet dieses Ereignis auf immer mit ihrer Beziehung zu Bremer – auch wenn dieser es nie erfährt.

### 6.1.4 Geschmackssinn – Verlust und Wiedergewinn

Die Currywurst, die Bremer Jahre später an Lena Brückers Imbiss isst, ohne etwas von seiner Rolle bei ihrer »Entdeckung« zu wissen, steht in Verbindung mit einem zentralen Motiv der Novelle – dem Verlust und der Wiederbelebung seines Geschmackssinnes. Der Geschmack ist ganz klar der Sinn, der in der *Entdeckung der Currywurst* im Fokus steht, der eine ganz bestimmte Form des Genießens überhaupt erst möglich macht. Die alte Frau Brücker genießt an den Erzählnachmittagen opulente Torten, und dabei

■ Sinnlichkeit und Genuss

> »kam etwas in ihr Gesicht, eine Genußfähigkeit, die verständlich machte, was man sonst mit dieser gebückten alten Frau nicht in Zusammenhang bringen konnte, eine dem Willen entzogene Lust, ein den Körper verwandelndes Genießen.« (82)

Auch die jüngere Lena Brücker, die sowohl bei ihrer Arbeit in der Kantine als auch beim Kochen zu Hause für Bremer und sich mit einer Mangelsituation umgehen muss, da es kaum Lebensmittel gibt, schafft es, Genuss zu erzeugen, indem sie beispielsweise aus Karotten, Kartoffeln und Sellerie eine »falsche Krebssuppe« (30) zaubert. Der Zwang zu Fantasie und Einfallsreichtum ist es, was ihr erst den Spaß am Kochen vermittelt. Die Herausforderung, mit nur wenigen Zutaten auszukommen, einen »Erinnerungs-Geschmack« (35) zu erzeugen, der dem Entbehrten ähnelt – das macht für sie die Lust am Kochen aus.

»In welchem Maße der Geschmack der zentrale Sinn dieser Novelle ist, zeigt sich am deutlichsten ex negativo: An einer zentralen Stelle verliert Bremer den Geschmackssinn, das ist ein überdeutliches Signal für das nahe Ende der Liebesbeziehung.«[19] Zunehmend unruhig und angespannt, da er keine Informationen über den vermeintlichen weiteren Kriegsverlauf erhalten kann, malt er sich eingesperrt in Lena Brückers Wohnung ein düsteres Bild seiner Zukunft. Er stellt sich vor, noch lange Zeit hier festzusitzen, und hat zum ersten Mal das Gefühl, »einer Frau in die Falle gegangen zu sein« (118). Das zu Beginn so liebevolle Verhältnis zu Lena Brücker kühlt merklich ab, er wartet am Ende des Tages nicht mehr auf ihre Gesellschaft, sondern auf Informationen:

»Oben empfing sie Bremer, umarmte sie nicht, küßte sie nicht, sondern fragte: Hast du eine Zeitung?« (121)

Zu dieser Zeit bemerkt er zum ersten Mal den Verlust seines Geschmackssinns. Lena Brücker bringt aus alten amerikanischen Armeebeständen ein Päckchen Kaugummi mit, dessen Ausprobieren zunächst die Stimmung zwischen beiden wieder aufzulockern scheint. Als sie ihn aber fragt, wonach sein Kaugummi

■ Verlust des Geschmackssinns

19  Steinecke (Anm. 2), S. 223.

schmeckt, fühlt er sich erneut wie in der Falle: Er schmeckt nichts, verschweigt es ihr aber (vgl. 124). Die Informationsebbe macht ihn zunehmend mürrisch und unfreundlich Lena Brücker gegenüber, so dass es schließlich zu einem handgreiflichen Streit kommt. Zum ersten Mal spricht er ihr gegenüber seinen Verdacht aus, dass sie wohl nicht wolle, dass er erfahre, was draußen vor sich gehe (vgl. 129 f.). Er kann nicht wissen, wie recht er letztlich damit hat. Als er rasend vor Wut über ihr schlichtes »O. K.« (130) als Reaktion auf seine Vorwürfe auf die abgeschlossene Tür einschlägt, um die Wohnung verlassen zu können, kommt es zu einer Rangelei, die erst endet, als Bremer ergeben auf dem Boden liegt. Er entschuldigt sich für sein Verhalten, was Lena Brücker es nun noch unmöglicher macht, ihm die Wahrheit zu sagen.

> »Es war ein Spiel gewesen. Jetzt war daraus Ernst geworden, blutiger Ernst. Das alles müßte ihm jetzt wie eine hundsgemeine Lüge erscheinen, als habe sie ihn hintergehen, wie ein Haustier halten, sich über ihn lustig machen wollen [...]. Wenn sie sich wenigstens von ihm hätte den Arm umdrehen oder schlagen lassen [...], das hätte alles erleichtert, sie hätte sagen können, ich wollte dich einfach länger hierbehalten.« (131 f.)

Der Effekt, den dieses »Besiegtwerden« auf seine Männlichkeit hat, zeigt sich darin, dass sie an diesem Tag zum ersten Mal nicht miteinander schlafen. »Sein

Glied war klein, lag ihr warm in der Hand« (132). Zur Wiedergutmachung kocht Lena Brücker ihm am nächsten Tag sein Lieblingsessen, dessen Zutaten sie unter größten Mühen zusammengetragen hat. Unter den erwartungsvollen Blicken von Lena Brücker muss er feststellen, dass er überhaupt nichts schmeckt.

> »Es war der Moment, als er sich selber sicher wurde, daß er den Geschmackssinn verloren hatte.« (134)

Ihr entgeht sein grüblerisches Gesicht nicht, und als sie mit ihren Nachfragen insistiert, gesteht er ihr, dass er nichts schmecke. Holzinger diagnostiziert Bremer ohne dessen Wissen eine »innere Schieflage, [...] eine Schwerblütigkeit, die vom Herzen kommt« (136), und trifft damit voll ins Schwarze. Lena Brückers Versuche, Bremers Geschmackssinn zu reanimieren, scheitern – ein Sinnbild für ihre Beziehung, die sich trotz des kurzen Lichtblicks an ihrem Geburtstag, gleich einem retardierenden Moment, nicht mehr retten lässt. »Das Schlimmste wäre, wenn er wortlos aus der Wohnung laufen würde« (143) – Lena Brückers Befürchtung bewahrheitet sich schon kurz darauf.

■ Sinnbild für die Beziehung

Wie Lena Brücker diese Zeit erlebt hat und dass die alte Frau Brücker sie auch dreißig Jahre später und trotz des jähen Endes als die wohl schönste Zeit ihres Lebens in Erinnerung behält (vgl. 128, 180), weiß der Leser. Kurz vor Ende der Novelle gibt es nun auch Hinweise auf Bremers Bewertung der damaligen Zeit und sein weiteres Schicksal. Zu einem nicht näher bestimmten Zeitpunkt, »eines Tages« (183), kehrt er nach Hamburg zurück und denkt mit einem Blick hinauf zu Lena Brückers Fenster, wie »schön wäre es, wenn er noch immer da oben säße, nicht als Vertreter reisen müßte« (183). Obwohl er sehr aufgebracht gewesen sein muss über die Lüge, mit der Lena Brücker ihn über das Kriegsende hinaus bei sich behalten hat, blickt er nachträglich auch mit Wehmut auf diese Zeit zurück. Als er, zunächst ohne sie zu erkennen, an Lena Brückers Imbissstand tritt, wird klar, dass er in all der Zeit seinen Geschmackssinn nicht zurückerlangen konnte.

> »Er schmeckte noch immer nichts, und es war egal, ob er echte Bohne oder Eichelkaffee trank, aber er sagte dann doch: Echte Bohne. Ne Currywurst dazu, sagte sie« (184).

Diese Currywurst ist es, die ihn plötzlich seinen Geschmackssinn wiederfinden lässt. Der »ferne Duft« (184) des Currys, der ihm schon einmal in Indien begegnet ist und ihn auch damals aus einer schwierigen Situation hinein in eine Woge von Glücksgefühlen getragen hatte, ein »paradiesischer Garten« (185), der sich auf seiner Zunge öffnet, sein »strahlendes Gesicht« (ebd.) – mit diesen Beschreibungen endet die Geschichte von Bremer und Lena Brücker endgültig, schließt sich der Kreis, auch wenn sie nicht miteinander sprechen und sich nur anblicken. Auch Lena Brücker erlebte zuvor »ein Kribbeln auf der Zunge« (181),

■ Wiederkehr des Geschmackssinns

die Wölbung ihres Gaumens und schmeckte »Ali Baba und die vierzig Räuber, Rose von Stambul, das Paradies« (ebd.), als sie das erste Mal den Geschmack von Curry und Ketchup erkundete. Die beiden korrespondierenden Geschmackserlebnisse unterstreichen nochmals das zentrale Thema der Bedeutung und Erweiterung der Sinne.

Ob sich in diesem fast schon magischen Moment am Imbiss, mit dem das »Märchen« endet, eine Art Absolution für Lena Brücker findet, die sich all die Zeit darüber gegrämt hat, dass sie Bremer nie die Beweggründe für ihr Handeln erklären konnte, bleibt Spekulation – dennoch lässt sich Bremers nachträglich fast sehnsuchtsvolle Rückschau auf seine Zeit in ihrer Wohnung als entsprechendes Indiz lesen.

### 6.1.5 Das Kreuzworträtsel und die *Odyssee*

Die Kreuzworträtsel, mit denen sich Bremer während seiner Zeit bei Lena Brücker immer wieder beschäftigt, bilden ebenso wie der Geschmackssinn ein wichtiges Motiv innerhalb der Handlung, das sich sowohl an seiner ständigen Wiederkehr als auch an seiner Bedeutungsvielschichtigkeit als solches erkennen lässt. Zum einen stehen die Kreuzworträtsel sinnbildlich für Bremers Langeweile, Beschäftigungslosigkeit und Einsamkeit, während er tagsüber alleine in Lena Brückers Wohnung ausharrt und nichts weiter tun kann, als in Socken herumzuschleichen und zwischen der heimlichen Beobachtung der Straße hinter dem

■ Kreuzworträtsel gegen Langeweile

90

zugezogenen Vorhang und dem Lösen von Kreuzworträtseln in alten Illustrierten hin- und herzu-
wechseln.

> »Er aß das Brot, zündete sich eine Zigarette an,
> trank Kaffee [...]. Er begann ein neues Kreuzwort-
> rätsel zu lösen. Eine Stadt in Ostpreußen, sechs
> Buchstaben: Tilsit. Die Stadt gab es schon nicht
> mehr. Eine literarische Gattung mit N am Anfang
> und sieben Buchstaben. Wußte er nicht. Ein grie-
> chischer Dichter mit H, fünf Buchstaben? Homer.
> Hin und wieder ging er zum Fenster und blickte
> hinunter.« (72)

Auf der anderen Seite klingt im Motiv des Rätsellö-
sens wieder das Märchen- und Mythenhafte an, das
bereits in Bezug auf die Zahlensymbolik angespro-
chen wurde. In zahlreichen Märchen müssen zur
Rettung aus einer Notlage Aufgaben bewältigt oder
Rätsel gelöst werden. So hat beispielsweise die Mül-
lerstochter drei Tage Zeit, um den Namen des Rum-
pelstilzchens zu erraten, andernfalls muss sie ihm ihr
erstgeborenes Kind überlassen. In der griechischen
Mythologie ist Ödipus der Einzige, der das Rätsel der
Sphinx zu lösen vermag und somit die Stadt Theben
von ihrer Belagerung befreit. Auch Bremer muss verschiedene Rätsel lösen, durch die er Aufschluss über ■ Versteckte
seine eigene Situation erhalten könnte. Uwe Timm   Hinweise
sagt selbst, er habe die Novelle wie ein Kreuzworträtsel angelegt, »und der Held, der Deserteur, der ge-

rade kein Held ist, löst in seinem Versteck auch Kreuzworträtsel. Dessen Lösungsbuchstaben könnten ihm etwas über sein Schicksal verraten haben. Vielleicht hat er das auch verstanden und ist aufgestanden und aus seinem Versteck und vor dieser Frau geflohen. Ich weiß es nicht, es ist eine Möglichkeit.«[20] Um diese Möglichkeit in Betracht ziehen zu können, muss man einen Blick auf die Lösungswörter werfen – diejenigen, die Bremer entschlüsselt hat, und diejenigen, die offengeblieben sind.

Besonders sprechend sind die drei Anspielungen auf die *Odyssee*, jenes berühmte Epos, das dem griechischen Dichter Homer zugeschrieben wird und das von der zehn Jahre währenden Heimreise des Odysseus aus dem Trojanischen Krieg erzählt. Der Dichter selbst ist eines der Lösungswörter, das Bremer kennt. Der Überlieferung zufolge soll er blind gewesen sein – wie die geschichtenerzählende alte Frau Brücker. Odysseus, zum Spielball der Götter geworden, erlebt seine Heimreise als wahre Irrfahrt, in deren Verlauf er auf die Nymphe Kalypso und die Zauberin Kirke trifft.

■ Odysseus und Kalypso

Kalypso, die der Sage zufolge den schiffbrüchigen Odysseus bei sich auf der Insel Ogygia aufnimmt, ihn liebt und für sieben Jahre bei sich behält (hier ist sie wieder, die magische Zahl), muss den Geliebten schließlich auf einen Befehl des Zeus hin ziehen lassen, da Odysseus sich nichts sehnlicher wünscht, als zu seiner Frau und seinem Sohn zurückzukehren.

20 Durzak (Anm. 3), S. 347.

Während Kalypso Odysseus schließlich hilft, ein Floß zu erbauen, mit dem er von ihr fortsegeln kann, wird Bremer auf dem »Matratzenfloß« (85) in Lena Brückers Küche festgehalten.[21] Der Erzähler, der ein Teil des von Bremer ausgefüllten Kreuzworträtsels auf der Rückseite des Currywurst-Rezeptes entdeckt, teilt mit, dass das Wort Kalypso eingetragen worden sei (vgl. 187). Ob Bremer jedoch den Mythos um Kalypso kannte und daraus Rückschlüsse auf seine eigene Situation gezogen hat, dass er – wie Odysseus von Kalypso auf ihrer Insel – von Lena Brücker in ihrer Dachgeschosswohnung festgehalten wird, bleibt, wie der Autor selbst sagt, offen. Zwar beschleicht ihn zwischenzeitlich das Gefühl, in der Falle zu sitzen (vgl. 118), ob dies für ihn aber mit der versteckten Botschaft im Kreuzworträtsel zusammenhängt, wird nicht miterzählt.

Noch deutlicher wird die im Kreuzworträtsel transportierte Botschaft durch die dritte Anspielung: »Griechische Zauberin. Fünf Buchstaben. Erster Buchstabe ein K. Wußte er nicht« (140). Gemeint ist Kirke, die all ihre Besucher in Tiere verwandelt und auch Odysseus' Gefährten zu Schweinen macht. Lediglich der Held selbst kann sich mit einem geheimnisvollen Kraut gegen ihren Zauber wehren. Wie schon bei Kalypso lassen sich auch hier Parallelen zwischen Mythos und Novelle ziehen: »[D]er Krieger, der nach Deutschland kommt, in den letzten Tagen des Krie-

■ Odysseus und Kirke

---

21  Vgl. Gockel (Anm. 4), S. 230.

ges in Hamburg desertiert, von einer Frau, der Zauberin Kirke, aufgenommen wird, im Bett, in der Küche, in der Wohnung, und *verzaubert* wird, indem sie ihn nicht nur bekocht, sondern ihm eine andere Außenwirklichkeit vorstellt«[22], verfällt Lena Brücker ebenso wie Odysseus der Zauberin Kirke. Im Gegensatz zum Helden Odysseus, der der Verwandlung in ein Schwein entgeht, wird Bremer jedoch in Zusammenhang mit dem Borstentier gebracht.

»Jeder in Uniform ist ein Schwein« (147),

schreit Lena Brücker aufgebracht, als sie Bremer mit den KZ-Gräueln konfrontiert und ihm, konsterniert von seiner Reaktion, daraufhin die Wahrheit sagt. Auch Bremer selbst sieht sich als Schwein, als er auf den Gedanken kommt, der Verlust seines Geschmackssinnes hänge womöglich damit zusammen, dass er sich feige von einer Frau verstecken lasse (vgl. 138).

■ Mythologische Vermischungen

Die Vermischung der Kirke- und Kalypso-Episoden fügt sich ein in weitere Geschichten der Vermischung, mit denen der Text arbeitet. Die typischen Rollen von Mann und Frau werden in der Beziehung von Lena Brücker, der beschützenden, versorgenden Älteren, und Bremer, dem schutzbedürftigen, die Hausarbeit besorgenden Jüngeren, ebenso vermischt wie bei der Currywurst »das Fernste mit dem Nächsten« (10) vermischt wird.[23] Der »Trivialmythos – die

22 Uwe Timm, »Mythos«, in: Marx (Anm. 4), S. 22.
23 Vgl. Hielscher (Anm. 9), S. 152.

Abb. 6: Szene aus Homers *Odyssee*: Kirke verwandelt einen Gefährten des Odysseus in ein Schwein. Malerei auf einem Altar aus Sizilien, 6. Jh. v. Chr.

Currywurst – [wird] mit einem antiken Mythos – dem des Odysseus – verbunden«[24]

■ Weitere
Lösungs-
wörter

Auch die weiteren Lösungswörter des Kreuzworträtsels schmiegen sich inhaltlich in die Handlung ein, lassen sich als Leitbegriffe der Erzählung lesen.[25] Fünf Wörter sind es, die trotz der eingerissenen Seite noch vollständig zu lesen sind:

»Kapriole, Ingwer, Rose, Kalypso, Eichkatz und etwas eingerissen – auch wenn es mir niemand glauben wird – Novelle.« (187)

Eine Kapriole bezeichnet in der ursprünglichen Wortbedeutung den Luftsprung eines Pferdes in der klassischen Reitkunst. Im übertragenen Sinne werden damit aber auch eigenwillige Unternehmungen oder Eskapaden bezeichnet. Beide Bedeutungen lassen eine Verbindung zur Novelle zu – die erste, weil Bremer als Träger des Deutschen Reiterabzeichens ein guter Reiter ist, und die zweite, weil sie in gewisser Weise Frau Brückers Erzähltechnik beschreibt, die mit ihren Vor- und Rückgriffen nicht chronologisch und zielgerichtet vorgeht, sondern den Erzähler durch ihre Kapriolen zuweilen ungeduldig werden lässt.

Currypulver besteht aus zahlreichen Komponenten, eine von ihnen ist Ingwer, das zweite Lösungswort, das der Erzähler entdeckt.

Die Rose gilt als Symbol der Liebe, zudem erinnert

24  Timm (Anm. 22), S. 22.
25  Vgl. Steinecke (Anm. 2), S. 229 f.

sie an die Papierrosen, die Bremer Lena Brücker unerwartet zu ihrem Geburtstag schenkt (vgl. 144).

Eichkatz ist ein anderes Wort für Eichhörnchen,
und das Winterfell des sibirischen Eichhörnchens ist
es, was zu einem Pelzmantel verarbeitet eine wichtige Komponente des Ringtausches darstellt und zugleich den Vater des Erzählers mit in die Geschichte
holt.

Die Anfangsbuchstaben dieser fünf Wörter ergeben den Namen der Bremer nicht bekannten griechischen Zauberin mit K und fünf Buchstaben: Kirke.

Bleibt noch das letzte Wort, eingerissen, aber dennoch lesbar: Novelle. Hier verlässt der Erzähler seine
Erzählung, indem er einen Hinweis auf die Gattung
einbaut. Er »zwinkert dem Leser zu, an den er sich erzähllogisch eigentlich gar nicht wenden kann.«[26]

■ Hinweis für
den Leser

## 6.2 Lügen und Erzählen

*Die Entdeckung der Currywurst* ist eine »Geschichte
über Liebe, Lüge, Trug und Wahrheit«[27], so beschreibt
es der Autor selbst. Die Liebesbeziehung zwischen
Lena Brücker und Hermann Bremer beruht von Anfang an auf Unwahrheiten, dem Verschweigen von

26  Klaus Meyer-Minnemann, »Die Anatomie des Erzählens
und das Eintauchen in die Erinnerung. Lesen in *Die Entdeckung der Currywurst*«, in: Helge Malchow (Hrsg.), *Der
schöne Überfluß. Texte zu Leben und Werk von Uwe Timm*,
Köln 2005, S. 55.
27  Timm (Anm. 22), S. 22.

Sachverhalten und Lügen. Bremer verschweigt seine Ehe (vgl. 31); auch als Lena Brücker zufällig das Foto seiner Frau und seines Sohnes findet und ihn kurz darauf nochmals gezielt danach fragt, verneint er, dass er verheiratet sei (vgl. 84). Lena Brücker fragt sich, warum er eine so hübsche Frau betrüge und warum er nicht die Wahrheit über sie sage; für sie selbst hätte es keinen großen Unterschied gemacht.

> »Hätte er es gesagt, auch dann hätte ich ihn versteckt. Vielleicht auch mit ihm geschlafen – bestimmt sogar. Aber alles, was dann kam, wäre ohne sein Verschweigen so nicht gekommen.« (84)

Damit nimmt sie Bezug auf ihr großes Schweigen das Kriegsende betreffend, das schließlich zwangsläufig in Lügen mündet, da sie Bremer Auskunft über die aktuelle Lage geben muss. Weite Teile der Handlung werden durch das Lügen begründet und vorangetrieben.[28] Zwischen Lügen und Erzählen besteht für Lena Brücker ein offensichtlicher Zusammenhang. Als sie sich ausmalt, was Bremer nach seiner Heimkehr seiner Frau erzählen würde, ist sie sich sicher, dass er keine besonders gute Lüge zustande brächte.

■ Nur gute Erzähler sind gute Lügner

> »Er kann nicht gut lügen, weil er nicht gut erzählen kann. Er kann nur gut verschweigen.« (89)

28  Vgl. Steinecke (Anm. 2), S. 226.

Dass Bremer nicht gut erzählen kann, hängt natürlich auch damit zusammen, dass er bis dato nicht allzu viel erlebt hat. Seine Erlebnisse beschränken sich auf eine Indienreise und seine Kriegserlebnisse, von denen Lena Brücker aber nichts hören möchte. So ist in ihrer Beziehung sie diejenige, die erzählt, während er zuhört. Zur Unterstreichung des Zusammenhangs verweist Lena Brücker noch darauf, dass Gary ein sehr guter Lügner sei, weil er fesselnd und einnehmend erzählen könne (vgl. ebd.). Durch das Erzählen einer guten und plausiblen Lügengeschichte kann eine zweite Wirklichkeit entstehen. Uwe Timm, der als Kind selbst die Erfahrung der zwei Wirklichkeiten gemacht hat, als er seine Eltern bezüglich seiner heimlichen Ausflüge auf den Kiez belog, stellt die Frage, welche Wirklichkeit denn nun wahr sei. »Die in meinem Kopf oder die im Kopf meiner Eltern?«[29] Er stellt die objektiv wahre Wirklichkeit der erzählten Wahrheit gegenüber, die genauso hätte wahr sein können, weil sie nicht weniger wahr wirkt. »[So] könnte es gewesen sein – und das ist der glaubwürdige Konjunktiv jeder guten Erzählung.«[30]

■ Zwei Wirklichkeiten

Lena Brückers sorgenvoller Gedanke an Bremers potentielle Lügengeschichte führt letztlich zu einer Schlüsselstelle der Novelle, die ziemlich exakt in der Mitte des Textes der Handlung die wohl gravierendste Wendung gibt:

29  Timm (Anm. 16), S. 74 f.
30  Ebd., S. 63.

»Sie schloß die Tür auf, rief nicht: In Hamburg ist der Krieg aus. Schluß. Aus und vorbei. Sie sagte nur: Hitler ist tot.« (90)

Zwar zögert sie kurz, verpasst dann aber den Moment, in dem es ihr möglich gewesen wäre, die Wahrheit nachzuschieben, da Bremer bereits begeistert an eine Allianz mit den Engländern und Amerikanern gegen Russland glaubt. Vom Erzähler nach ihrem schlechten Gewissen befragt, bestätigt die alte Frau Brücker, dass es ihr in den ersten Tagen schwergefallen sei, nicht mit der Wahrheit herauszuplatzen. Es sei dann aber zunehmend leichter geworden und habe ihr sogar Spaß bereitet. Sie unterscheidet an dieser Stelle Lügen von Schwindeln, das ja keine große Sache sei, wohingegen es sich mit dem Lügen anders verhalte. »Lügen, hat meine Mutter immer gesagt, Lügen machen die Seele krank« (91), erzählt Frau Brücker, nur, um im nächsten Moment davon abzurücken:

- Lügen, Schwindeln und Verschweigen

»Aber manchmal macht das Lügen auch gesund. Ich denk, ich hab was verschwiegen, und er hat was verschwiegen« (ebd.).

Sie stellt ihr Verhalten folglich mit dem Bremers auf eine Stufe, auch wenn dieser nur punktuell gelogen hat.

Uwe Timm widmet dem Thema Lüge und Wahrheit ein Kapitel in *Erzählen und kein Ende* und differenziert darin ebenfalls zwischen Lügen und Schwindeln, was er als etwas definiert, das »nicht ganz wahr«[31] sei. Auch schließt er sich Lena Brückers Ansicht an (oder sie sich seiner), wonach Lügen nicht per se böse sei. »Es kommt darauf an, wer warum lügt«.[32]

Das Aufrechterhalten der Lüge fällt Lena Brücker zunächst nicht schwer, auch sieht sie sich selbst eher in der passiven Rolle der Stichwortgeberin denn in der einer aktiven Lügnerin. Bremer malt sich aus, wie es nach Hitlers Tod wohl weitergehen könnte, und »legte ihr die Antwort regelrecht in den Mund« (93). Sie

> »hatte das Wort Kapitulation für die Stadt Hamburg verschwiegen, das war alles. Was dann geschah, bedurfte nur weniger Stichworte, um die Phantasie von Bremer in die Richtung zu lenken, in die sich die heimlichen oder auch offen ausgesprochenen Wünsche vieler bewegten: Es könne kurz vor der totalen Niederlage noch zu einer Wende kommen.« (117)

Durch seine zunehmende Gier nach Informationen über die Wirklichkeit außerhalb seiner vier Wände zwingt er Lena Brücker aber schließlich, das Lügen und somit auch das Erzählen, das Konstruieren einer alternativen Realität, einer zweiten Wirklichkeit, weiter auszubauen. Angeregt von dem Brand in ei-

31 Ebd., S. 62.
32 Ebd., S. 76.

nem kleinen Papierlager erzählt sie Bremer, das größte Papierlager Norddeutschlands sei abgebrannt und
somit gebe es derzeit kein Papier, um Zeitungen zu
drucken. Mit der Erfindung einer Papierlieferung aus
Amerika setzt sie sich selbst eine Frist, wann sie ihm
die Wahrheit sagen will (vgl. 122). Bremer leidet darunter, zum Ausharren verdammt zu sein, während in
seiner Vorstellung die deutsche Wehrmacht gemeinsam mit ihren Verbündeten gegen Russland zieht. Lena Brücker ärgert sich darüber, dass er die gemeinsame Zeit nicht genauso genießt wie sie, sondern »immer diese dösigen Fragen nach den vorrückenden
Truppen« (128) stellt. Sie überlegt daraufhin, das Zei-
tungspapier früher ankommen zu lassen, entscheidet
sich aber dagegen, da sie noch nicht möchte, dass es
mit ihr und Bremer zu Ende geht. Das Aufrechterhalten ihrer Lüge hält also weiterhin die Beziehung am
Leben, auch wenn Bremer bereits begonnen hat, sich
von ihr zurückzuziehen.

■ Lüge als
Motor der
Beziehung

Der Erzähler gibt mit seiner Frage danach, ob ihr
Verhalten nicht unfair gewesen sei, preis, dass er
selbst die von Lena Brücker kreierte Illusion vom weiteren Fortgang des Krieges kritisch betrachtet (vgl.
128). Die Lüge ermöglicht einen sorglosen Umgang
mit Fakten, die Realität kann ignoriert oder verändert
werden, neue Tatsachen können erschaffen werden.
»Es beginnt der wunderbare Konjunktiv: Es könnte
auch anders sein.«[33] Und so erschafft sich Lena Brücker

■ Alternative
Realität

33  Timm (Anm. 16), S. 79.

die schönste Zeit ihres Lebens, in der sie durch Bremer vergisst, dass sie selbst nicht mehr ganz jung ist und dass nach seinem Fortgang nicht mehr viel zu erwarten sei (vgl. ebd.). Drei Wochen gelingt es ihr, die Lüge aufrechtzuerhalten, bis die Wahrheit im Streit über die KZ-Geschehnisse aus ihr herausbricht. Als Bremer schließlich weg ist, leidet sie am meisten darunter, dass sie ihm nicht mehr sagen konnte, warum sie ihm die Kapitulation verschwiegen hat. Sie rechtfertigt ihr Handeln, indem sie bekräftigt, dass sie ihm mit ihrem Verschweigen nicht geschadet habe – er hätte eh nicht viel früher gehen können (vgl. 150). Auch wenn sie sich die für sie schönste Zeit über Bremers Kopf hinweg ermöglicht hat, nicht aufrichtig zu ihm war, hat sie ihn doch, obwohl sie ihn kaum kannte, bedingungslos bei sich aufgenommen, sich dabei selbst in Gefahr begeben und ihm möglicherweise auch tatsächlich das Leben gerettet. Sie war aus Liebe unaufrichtig zu ihm, aber Liebe ist eben manchmal auch egoistisch. Indem Lena Brücker Bremer vormacht, dass der Krieg noch andauere, tauscht sie »das Erzählen gegen Liebe, und dieses Erzählen ist immer auch ein Erfinden, ein Flunkern, es hat etwas Listiges und zugleich Anrüchiges, es trägt ein zauberisches Gewand und arbeitet mit allerlei Geschmacksnuancen.«[34]

34  Vgl. Hielscher (Anm. 9), S. 151.

## 7. Autor und Zeit

Uwe Timm wird am 30. März 1940 als jüngstes von drei Kindern in Hamburg geboren. Seine beiden Geschwister Hanne Lore und Karl-Heinz sind bei seiner Geburt 18 bzw. 16 Jahre älter als Uwe Timm. Der Bruder, Karl-Heinz, stirbt, als Timm drei Jahre alt ist – er ist als Panzerpionier freiwillig der SS-Totenkopfdivision beigetreten und im Kriegseinsatz so schwer verwundet worden, dass er im Oktober 1943 in einem Lazarett in der Ukraine stirbt. Seine Geschichte arbeitet Timm in der autobiographischen Erzählung *Am Beispiel meines Bruders* aus dem Jahre 2003 auf. Die einzige Erinnerung, die Timm an seinen Bruder hat, ist eine Szene aus einem Versteckspiel in der elterlichen Küche, die im Gedächtnis des kleinen Jungen haften geblieben ist. »Dort, das hat sich mir als Bild genau eingeprägt, über dem Schrank, sind Haare zu sehen, blonde Haare. Dahinter hat sich jemand versteckt – und dann kommt er hervor, der Bruder, und hebt mich hoch.«[35] Ebenfalls im Alter von drei Jahren muss Timm gemeinsam mit seiner Mutter Anna nach Coburg fliehen, da ihr Haus in Hamburg ausgebombt und vollständig zerstört wird. In Coburg erlebt Timm dann schließlich 1945 das Ende des Zweitens Weltkriegs. Zurück in Hamburg, eröffnet der aus englischer Kriegsgefangenschaft zurückgekehrte Vater Hans eine Kürschnerei. Es ist eine Arbeit, die der Vater nicht mag, in der er aber eine Chance sieht, sich und seiner

*(Marginalien:)* Erinnerungen an den toten Bruder

Kindheit und Jugend

35  Timm (Anm. 10), S. 7.

Familie nach dem Krieg eine Existenz aufzubauen. Diese Episode aus der Biographie des Vaters findet sehr detailliert Eingang in *Die Entdeckung der Currywurst* (vgl. Kap. 5, S. 70). Um in die Fußstapfen des Vaters treten zu können, macht Timm nach der Volksschule eine Kürschnerlehre – auch sein älterer Bruder Karl-Heinz hatte Kürschner gelernt. Gegen seinen Willen übernimmt er das hochverschuldete Geschäft nach dem Tod seines Vaters im Jahre 1958. Gemeinsam mit Mutter und Schwester gelingt es ihm, das Pelzgeschäft zu sanieren, so dass er ab 1961 das Braunschweig-Kolleg besuchen kann, wo er zwei Jahre später das Abitur erlangt. Timm studiert im Anschluss Philosophie und Germanistik zunächst in München an der Ludwig-Maximilians-Universität, dann in Paris an der Sorbonne. Nach seiner Rückkehr aus Paris engagiert er sich zwischen 1967 und 1969 im Sozialistischen Deutschen Studentenbund (SDS). Sein Studium und seine begonnene Dissertation geraten während dieser Zeit in den Hintergrund, er schreibt Flugblätter, nimmt an Demonstrationen teil und beteiligt sich an der Besetzung der Münchner Universität. Auch sein schriftstellerisches Schaffen ist geprägt von den Ereignissen. Er schreibt Straßentheaterstücke und Agitprop-Gedichte.[36] Der Funke, an dem sich Timms politisches Engagement entzündet, ist der

■ Studium der Philosophie und Germanistik

■ Engagement im SDS

---

36 Das Wort Agitprop setzt sich aus den Begriffen Agitation und Propaganda zusammen und bezeichnet ideologisch-propagandistische Arbeit mit dem Ziel, das revolutionäre Bewusstsein zu wecken und zur Teilnahme am Klassenkampf aufzurufen.

Tod seines Freundes Benno Ohnesorg, der am 2. Juni 1967 am Rande der vom SDS organisierten Demonstration gegen den Besuch des Schahs von Persien von einem Polizisten getötet wird. Die Erlebnisse aus der Zeit der Studentenbewegung finden ebenso wie die Ereignisse der NS-Zeit Eingang in sein literarisches Werk.

Anfang 1969 widmet sich Timm schließlich wieder seinem Studium und vor allem seiner Dissertation. Im selben Jahr heiratet er die Deutschargentinierin Dagmar Ploetz und nimmt ein Zweitstudium der Soziologie und Volkswirtschaft auf. 1971 promoviert er mit einer Arbeit über *Das Problem der Absurdität bei Albert Camus*. Seine schriftstellerische Arbeit setzt er als Gründungsmitglied der »Wortgruppe München« und als Mitherausgeber der *Literarischen Hefte* und der *Autoren Edition*, die es sich zum Ziel gemacht hat, literarische Werke gesellschaftskritischen Inhalts zu veröffentlichen, ohne den Weg über Lektoren und Verlage zu gehen, weiter fort.

Timm ist als freier Schriftsteller tätig. Für sein literarisches Schaffen hat er bisher zahlreiche Auszeichnungen erhalten, so zum Beispiel den Deutschen Jugendliteraturpreis für *Rennschwein Rudi Rüssel* (1990), den Großen Literaturpreis der Bayrischen Akademie der Schönen Künste (2001), den Literaturpreis der Landeshauptstadt München (2002) oder den Heinrich Böll Preis (2009). Dreimal wurde er als »writer in residence« an verschiedene internationale Universitäten eingeladen.

Abb.7: Uwe Timm (2008). – © Peter Peitsch / peitschphoto.com

Uwe Timm hat vier Kinder und lebt mit seiner Familie in München und Berlin.

Weitere Werke (kleine Auswahl):

**1981   Rennschwein Rudi Rüssel** (Kinderroman). Timm schrieb für jedes seiner vier Kinder ein Kinderbuch. Die Geschichte um das bei einer Tombola verloste Ferkel Rudi, die Timm für sein drittes Kind, die Tochter Johanna, ebenso wie die Protagonistin des

Romans Zuppi genannt, geschrieben hat, ist das erfolgreichste seiner Kinderbücher. Es wurde 1990 mit dem Deutschen Jugendliteraturpreis ausgezeichnet und 1995 verfilmt. Die anderen drei Kinderbücher sind *Die Zugmaus* (1981), *Die Piratenamsel* (1983) und *Der Schatz auf Pagensand* (1995).

**1991   Kopfjäger** (Roman).
Die Handlung des Romans geht auf eine Nachricht der Mutter Timms zurück, in der sie ihrem Sohn mitteilt, dass sein Cousin sich, von Interpol wegen millionenschweren Betrugs verfolgt, ins Ausland abgesetzt habe.[37] Davon inspiriert erzählt Timm hier die Geschichte des Börsenbrokers Peter Walter, der Millionen veruntreut hat und vor der Vollstreckung seines Gerichtsurteils nach Spanien flieht und von dort aus sein Leben Revue passieren lässt. In *Kopfjäger* taucht das erste Mal die Figur der Frau Brücker auf. Es gibt auch einen Hinweis darauf, dass sie die Erfinderin der Currywurst sei.[38] Neben der *Entdeckung der Currywurst* hat der Roman *Kopfjäger* noch einen zweiten Ableger: den 1996 erschienenen Roman *Johannisnacht*, in dem eine Figur aus dem *Kopfjäger* auftritt.

---

37  Vgl. Hielscher (Anm. 9), S. 133.
38  Vgl. Uwe Timm, *Kopfjäger. Bericht aus dem Inneren des Landes*, Köln 1991, S. 49 f.

**2003   Am Beispiel meines Bruders** (autobiographische Erzählung).

»Abwesend und doch anwesend hat er mich durch meine Kindheit begleitet, in der Trauer der Mutter, den Zweifeln des Vaters und den Andeutungen zwischen den Eltern.«[39] In *Am Beispiel meines Bruders* arbeitet Timm die abwesende Anwesenheit seines mit 18 Jahren im Krieg gefallenen Bruders Karl-Heinz auf, die seine Kindheit stark geprägt hat, obwohl er selbst erst drei Jahre alt war, als der Bruder starb. Timm stellt Nachforschungen an, versucht herauszufinden, was seinen älteren Bruder einst dazu bewogen hat, sich freiwillig der SS-Totenkopfdivision anzuschließen, und porträtiert zugleich seine Familie. Timm verknüpft historische Fakten und literarisches Schreiben, so dass ein Geflecht aus autobiographischer Erzählung und Hintergrundinformationen entsteht.[40]

---

39  Timm (Anm. 10), S. 8.
40  Vgl. Mirjam Bellmann, *Lektüreschlüssel für Schülerinnen und Schüler: Uwe Timm, »Am Beispiel meines Bruders«,* Stuttgart 2011, S. 7.

## 8. Rezeption

Nach der Geschichte des sympathischen Familienschweins Rudi Rüssel ist *Die Entdeckung der Currywurst* das Buch, das Uwe Timm am bekanntesten machte. Die zahlreichen Rezensionen, die auf das Erscheinen der Novelle im Jahr 1993 folgten, fällen ein überwiegend positives Urteil über die Liebesgeschichte zwischen Lena Brücker und Hermann Bremer, die sich beim Lesen des Titels noch nicht erahnen lässt. Der Rezensent der *Zeit,* Fritz Gesing, attestiert Uwe Timm viel Sympathie für seine Figuren und eine raffinierte Erzählweise. Er macht auf die Erzählfäden aufmerksam, die, scheinbar ohne einem klaren Muster zu folgen, geschickt miteinander verknüpft werden. »Uwe Timm versteht sich aufs Räsonieren [vernünftig Schlüsse ziehen] und Fabulieren [fantasiereiche Geschichten erfinden], er vereint Recherche und Erinnerung: ein Mittel gegen literarische Anämie [Blutarmut].«[41] Der *Spiegel* legt in seiner Buchkritik, die im Mai 1993 im Magazin der Neuerscheinungen abgedruckt wurde, den Fokus auf die Liebesgeschichte zwischen Lena Brücker und Bremer. Die Erfindung der Currywurst wird in dieser Rezension als Nebensache, gar als Schwäche der Novelle empfunden. Im Grunde wären die genauen Umstände der Entdeckung oder Erfindung der Currywurst aber auch nicht

**Rezen-sionen**

---

41  Fritz Gesing, »Gewürzte Wurst«, Rezension in der *Zeit,* 12. 11. 1993. (www.zeit.de/1993/46/gewuerzte-wurst/ seite-2; 6. 9. 2016.)

von Interesse, etwas ganz anderes stehe im Fokus: »Die Currywurst, ihr Geschmack, liefert der Erinnerung des Erzählers nur den Mutterboden, den notwendigen Nährstoff für den Rückblick in die Vergangenheit.«[42]

*Die Entdeckung der Currywurst* wurde in über 20 Sprachen übersetzt. Es existieren verschiedene Hörbücher, eine Version wird von Timm selbst gelesen, eine Comic-Adaption sowie eine Bühnenfassung und eine Verfilmung. Das Theaterstück von Johannes Kaetzler und Gerhard Seidel wurde am 26. September 1998 am Freien Werkstatt Theater Köln uraufgeführt, die Verfilmung stammt aus dem Jahr 2008. Unter der Regie von Ulla Wagner und mit Barbara Sukowa und Alexander Khuon in den Hauptrollen legt die Filmadaption den Schwerpunkt der Handlung auf die Beziehung zwischen Lena Brücker und Bremer. Die Entdeckung der Currywurst findet zwar als Randthema Eingang in den Film, die Rahmenhandlung aus der Buchvorlange fehlt jedoch. »Kenner der Novelle muss enttäuschen, dass Ulla Wagners Verfilmung das reichhaltige narrative Spiel der Vorlage mit Erinnerungen, Reflexionen und sinnlichen Evokationen [Vorstellungen] weitgehend ignoriert [und] die Romanze als Storykern herausschält«[43], so das Urteil der Süddeut-

**Adaption für die Bühne und Verfilmung**

---

42 Martin Doerry, »Liebesnest mit List«, Rezension in *Spiegel Spezial. Bücher '93.* (www.spiegel.de/spiegel/spiegelspecial/d-52691064.html; 6. 9. 2016.)
43 Rainer Gansera, »Ist doch Wurst«, Rezension der Verfilmung in der *Süddeutschen Zeitung*, 17. 5. 2010. (www.sued-

schen Zeitung. Sehr positiv hervorgehoben werden hingegen vor allem die Leistungen der Schauspielerin Barbara Sukowa, die »das Augenzwinkernde«[44] ihrer Figur Lena Brücker hervorkehrt, sowie der Verzicht auf »Patina-Pomp und feierliches Getue«[45] bei der Umsetzung des Stoffes.

Besondere Aufmerksamkeit jenseits der Buchdeckel erhielt die Novelle im sogenannten »Currywurst-Krieg« zwischen Berlin und Hamburg 2003. Nicht nur der Berliner Journalist Gerd Rüdiger, Verfasser von *Currywurst. Ein anderer Führer durch Berlin* (1995), nahm Timms Geschichte wörtlich und fühlte sich als Bewohner der vermeintlichen Geburtsstadt der Currywurst gekränkt. Entgegen Timms Behauptung, er habe bereits im Jahr 1947 in Hamburg seine erste Currywurst gegessen, besagt die Überlieferung, dass Herta Heuwer, eine Berliner Imbissbudenbesitzerin, das spezielle Rezept 1949 kreiert haben will und es sich zehn Jahre später patentieren ließ. Auch wenn Berlin wohl die Currywurst-Hauptstadt bleiben wird: Seit dem Erscheinen von Uwe Timms Novelle ist zumindest von Hamburger Seite stets ein Restzweifel an der Berliner Herkunft der beliebten Wurst geblie-

■ Der »Curry-
wurst-
Krieg«
zwischen
Hamburg
und Berlin

deutsche.de/kultur/kino-die-entdeckung-der-currywurst-ist-doch-wurst-1.699116, 6. 9. 2016.)

44 Ebd.

45 Andreas Kilb, »Glück in kleinen Schlückchen«, Rezension der Verfilmung in der *Frankfurter Allgemeinen Zeitung*, 1. 9. 2008. (www.faz.net/aktuell/feuilleton/kino/im-kino-die-entdeckung-der-currywurst-glueck-in-kleinen-schlueckchen-1699636.html, 6. 9. 2016.)

ben. Die fiktive Lena Brücker erhielt 2003 sogar vorübergehend ihre eigene Gedenktafel am Großneumarkt in Hamburg – ganz in Entsprechung der Tafel,
die seit ihrem Tod im Jahr 1999 in Berlin an Herta
Heuwer erinnert. Timm selbst, der erzählt, die *Tages-
schau* habe damals bei ihm angerufen, um ein Inter-
view über Frau Brücker zu führen, hält die ganze Dis-
kussion nicht nur für eine Folge von Leichtgläubig-
keit, sondern vor allem auch für ein literarisches Spiel
mit einem Alltagsmythos – der die Currywurst nun
einmal sei. »Das lustvoll fiktionale Spiel hebt die Din-
ge über ihren Gebrauchswert hinaus, gibt ihnen eine
Aura des ästhetisch Besonderen.«[46] Inzwischen ist die
Tafel längst wieder abgebaut.

Ebenfalls zehn Jahre nach ihrer Veröffentlichung
wurde der *Entdeckung der Currywurst* nochmals besondere Aufmerksamkeit zuteil. Timms Novelle war
Gegenstand der 2003 erst zum zweiten Mal in
Deutschland (die ursprüngliche Idee stammt aus den
USA) durchgeführten Aktionswoche »Eine Stadt liest
ein Buch«, bei der möglichst viele Leser auf zahlreichen Begleitveranstaltungen über das ausgewählte
Buch ins Gespräch kommen.

---

46  Timm (Anm. 22), S. 22 f.

## 9. Wort- und Sacherläuterungen

7,10 **Michaeliskirche:** berühmteste Kirche Hamburgs und Wahrzeichen der Stadt.

7,17 **Kiez:** Vergnügungsviertel um die Reeperbahn.

7,27 **Bö:** plötzlicher, starker Windstoß.

8,8 **Gürtelrose:** Viruserkrankung mit charakteristischem Hautausschlag.

8,15 **Gicht:** Stoffwechselerkrankung mit starken Gelenkschmerzen.

8,29 **veddelt:** veddeln: umhauen.

10,17 **Lamperie:** halbhohe Wandverkleidung.

10,20 **Schauerleute:** Hafenarbeiter, die das Be- und Entladen von Schiffen besorgen; von niederl. *sjouwen* ›schleppen‹.

11,13 **gegerbt:** gerben: Fell oder Haut mit Gerbmitteln zu Leder verarbeiten.

12,2 f. **Werftarbeiter:** Arbeiter, der mit dem Bau oder der Reparatur von Schiffen beschäftigt ist.

12,6 **Kolonialwarenläden:** Läden, die Lebens- und Genussmittel aus Übersee verkauften (z. B. Kaffee, Tee, Tabak, Gewürze).

12,6 **Coiffeurs:** Coiffeur: gehoben für Friseur.

13,16 **Vinothek:** Weinhandel; der gewählte Wein kann meist vor Ort probiert werden.

13,22 **Stores:** Gardinen.

13,25 **orthopädische Manschetten:** Das Gelenk unterstützende Bandagen.

15,15 **Lysol:** Markenname eines Desinfektionsmittels.

15,15 **Talg:** Körperfett, das hauptsächlich aus geschlachteten Rindern gewonnen wird.

15,21 **Prinzregenten:** hier: bayrische Tortenspezialität.

16,13 **Fehfelle:** grau-weiße Winterfelle des Eichhörnchens.

16,13 **Festmeter:** für Rundholz verwendetes Raummaß; entspricht einem Kubikmeter Holzmasse.

16,14 f. **Intendanturrat:** höherer Staatsbediensteter.

16,16 **Chloroform:** dreifach chlorierter Kohlenwasserstoff, früher als Narkosemittel eingesetzt.

16,24 **Hitlers Trauung:** Adolf Hitler (1889–1945), von 1933 bis 1945 Führer und Reichskanzler des Deutschen Reiches, heiratete Eva Braun einen Tag vor ihrem gemeinsamen Suizid.

16,25 **Bormann:** Martin Bormann (1900–1945), SS-Obergruppenführer und Inhaber zahlreicher wichtiger Parteiämter (u. a. Leiter der Parteikanzlei) während der Zeit des Nationalsozialismus.

16,25 **Goebbels:** Joseph Goebbels (1897–1945) trug als einflussreicher Politiker zum Aufstieg der NSDAP entscheidend bei. Während des Zweiten Weltkriegs war er als Reichsminister für Volksaufklärung und Propaganda für die Zensur des gesamten Medien- und Kulturbetriebes verantwortlich.

16,27 **Dönitz:** Karl Dönitz (1891–1980), Großadmiral der Marine, als enger Gefolgsmann Hitlers von diesem testamentarisch zu seinem Nachfolger bestimmt.

17,1 f. **Volkssturm:** im Oktober 1944 in der Endphase des Zweiten Weltkriegs gegründetes militärisches Aufgebot, das alle waffenfähigen Männer im Alter zwischen 16 und 60 Jahren umfassen sollte.

17,2 **Heldenklau:** Bezeichnung für jemanden, der beauftragt ist, Soldaten für den Frontdienst aufzuspüren.

17,25 **Kommißbrot:** einfaches, lang haltbares Vollkornbrot zur Verpflegung von Soldaten.

17,29 f. **Katharinenkirche:** eine der Hauptkirchen Hamburgs; gilt als Kirche der Seeleute.

18,11 **Reeperbahn:** berühmteste Straße des Hamburger Stadtteils St. Pauli mit zahlreichen Nachtclubs, Bars, Restaurants, Theatern und Hotels.

18,13 **abgehärmt:** ausgezehrt, von Sorgen gezeichnet.

19,12 **Swing tanzen verboten! Reichskulturkammer:** Obwohl Swing als amerikanischer Tanzstil während des Zweiten Weltkriegs unerwünscht war, hat es ein Schild mit dieser Aufschrift zu dieser Zeit nicht gegeben. Es wurde in den 1970er Jahren entworfen.

20,20 f. **Zerstörer:** kleines und schnelles Kriegsschiff.

20,28 **Kolberg:** deutscher Propagandafilm, der in der Endphase des Zweiten Weltkriegs an das Durchhaltevermögen der Deutschen appelliert.

20,28 **Gneisenau und Nettelbeck:** August Neidhardt von Gneisenau (1760–1831), Kommandant der Festung Kolberg, und Joachim Christian Nettelbeck (1738–1824), Bürgermeister, verteidigten gemeinsam Stadt und Festung im Jahr 1807.

20,28 **Kristina Söderbaum:** 1912–2001; schwedische Schauspielerin und Frau des *Kolberg*-Regisseurs Veit Harlan (1899–1964).

23,8 **Defätismus:** resignierte, zum Aufgeben geneigte Haltung, geprägt durch die Überzeugung, keine Chance mehr auf einen Sieg zu haben.

23,15 **Detonation:** Explosion.

24,18 **Revers:** Aufschlag an der Vorderseite von Jacketts und Mänteln.

25,4 **Troddel:** Quaste, Anhänger.

25,8 **Rupfen:** grobes Gewebe aus Jute.

25,23 **Barkasse:** hier: das größte Beiboot eines Kriegs-schiffes.

25,27 **Gary Cooper:** Frank James Cooper (1901–1961), US-amerikanischer Schauspieler und Oscar-Gewinner.

26,12 **Schildpatt:** Material, das aus den flachen Hornschup-pen des Rückenschildes von Meeresschildkröten ge-wonnen wird; norddt. »Schildpadde« für ›Schildkröte‹.

26,20 **Gasometer:** Gasbehälter.

27,3 **Stutzer:** bei der Marine getragene Wolljacke.

27,5 **EK-II-Band:** zwischen 1939 und 1945 schwarz-weiß-rotes Band, an dem das Eiserne Kreuz, eine Kriegsaus-zeichnung, befestigt wurde.

27,5 **Narvikschild:** Auszeichnung der Wehrmacht für Soldaten, die 1940 an der Schlacht um Narvik (Norwe-gen) teilgenommen hatten.

27,8 **Kavalleristen, Artilleristen, Infanteristen:** Solda-ten der Reitertruppe, der mit großkalibrigen Geschüt-zen ausgestatteten Truppe und der mit Handwaffen ausgestatteten Fußtruppe.

27,29 **Brecher:** große, sich am Kamm überstürzende Wel-len.

27,30 **Kaventsmänner:** in der Seemannssprache beson-ders hohe Wellen.

28,2 **blau:** hier: betrunken

28,5 **Zwokommazwo-Flak:** Flak, Abkürzung für Flug-
abwehrkanone.

29,16 **Schwarzbrand:** illegal gebrannter Schnaps.

31,5 **Maat:** Unteroffizier bei der Marine.

31,15 **Ziethen aus dem Busch:** Redensart: plötzlich und
unerwartet auftauchend/angreifend. Hans Joachim von
Zieten (auch Ziethen, 1699–1786) war preußischer Rei-
tergeneral, der für seine schnellen und entschlossenen
Angriffe bekannt war.

33,10 **Pharisäer:** Angehöriger einer altjüdischen Partei;
umgangssprachlich für eine heuchlerische Person; hier:
alkoholisches Getränk, bestehend aus Kaffee, Rum und
Schlagsahne.

34,1 f. **Madeira:** portugiesische Insel; hier: Likörwein.

34,6 **gehuckelt:** Umgangssprache/Dialekt, bedeutet so
viel wie: gekleckert.

35,1 **Pansen:** der größte der drei Vormägen von Wieder-
käuern.

38,3 **Stabsgefreite:** heute ein militärischer Dienstgrad
der Bundeswehr, früher der Wehrmacht.

38,31 **Aquavit:** mit Kümmel aromatisierter Brannt-
wein.

39,12 **fahnenflüchtig:** Fahnenflucht begehen: die Truppe
unerlaubt verlassen.

40,27 **MG 42:** im Zweiten Weltkrieg eingesetztes Maschinengewehr.

41,9 **Scharmützel:** militärisch: Zusammenstoß weniger
feindlicher Soldaten.

41,15 **desertieren:** vgl. 39,12.

42,2 f. **Divisionsstab:** Kommandeur einer Division, eines aus mehreren militärischen Einheiten zusammengesetzten Großverbands.

42,30 **Abtritt:** hier: Toilette.

42,31 **Salve:** gleichzeitiges Abfeuern mehrerer Gewehre.

43,5 **Fahneneid:** Treuebekundung von Soldaten.

44,8 **Gamaschen:** Teil der Uniformierung von Fußtruppen; Kleidungsstück aus Stoff oder Leder, das am Knöchel an den Schuh anschließt und bis zum Knie hochgehen kann.

44,9 **Koppel:** Gürtel, Teil der Uniform.

45,14 **Kapitänleutnant Prien:** Günther Prien (1908–1941), deutscher Marineoffizier und U-Boot-Kommandant.

45,24 **Schottsche Karre:** früher in Hamburg gebräuchliche Bezeichnung für einen kleinen, von Hand geschobenen Holzkarren.

45,25 **Afrikakorps:** von 1941 bis 1943 in Nordafrika eingesetzter Großverband der deutschen Wehrmacht.

45,29 **General Rommel:** Erwin Rommel (1891–1944), Befehlshaber des deutschen Afrikakorps im Zweiten Weltkrieg.

45,30 **Suez-Kanal:** Schifffahrtskanal in Ägypten, der die Grenze zwischen Afrika und Asien bildet.

45,30 f. **John Bull:** Karikatur eines untersetzten Mannes in Frack, Union-Jack-Weste und Zylinder; Personifikation des britischen Königreichs.

46,3 **Luk:** Luke, oberer Einstieg.

46,7 **SS-Soldaten:** Soldaten der Schutzstaffel der NSDAP, die vor allem für die Konzentrationslager verantwortlich war.

48,13 **prüde:** in Bezug auf Sexuelles beschämt und gehemmt.

48,14 **krüsch:** norddeutsch für wählerisch.

48,28 **walzen:** Walzer tanzen.

51,31 **Gauredner:** rhetorisch versierte Angehörige der NSDAP, die auf Massenkundgebungen sprachen.

52,9 **krittelnd:** meckernd, murrend.

52,27 **Tobruk:** Stadt in Libyen.

53,6 **Elbrus:** höchster Berg Russlands (5642 m), im Kaukasus.

53,9 f. **Gestapodienststelle:** Dienststelle der Geheimen Staatspolizei, einer politischen Polizei zur Bekämpfung staatsfeindlicher Bestrebungen.

54,4 **Pg.:** Parteigenossin; im Dritten Reich übliche Abkürzung für »NSDAP-Mitglied«. Vgl. Anm. zu 68,14.

54,17 **Tommy:** Bezeichnung für englische Soldaten.

54,25 **Kutteln:** Bezeichnung für den in Streifen geschnittenen Pansen (s. Anm. zu 35,1); kann gebraten, zu Ragout, Eintopf oder Suppe verarbeitet werden.

55,12 **Wankelmut:** Sprunghaftigkeit, Unbeständigkeit.

56,2 **Hölderlin:** Friedrich Hölderlin (1770–1843), bedeutender deutscher Lyriker.

57,18 **Binder:** Fliege.

58,9 **Maschinengewehrgarbe:** Serie von schnell abgefeuerten Schüssen aus dem Maschinengewehr.

58,15 **Tosca:** Oper von Puccini und Zigarettenmarke. Da Zigaretten im Krieg etwas äußerst Kostbares waren, stellt Bremers Verwendung des Wortes eine positive Bezeichnung dar.

58,18 **Overstolz:** deutsche Zigarettenmarke.

59,22 **Bamberger Hörnchen:** alte Kartoffelsorte aus Franken.

65,10 **Kyffhäuser:** Mittelgebirge zwischen Thüringen und Sachsen-Anhalt.

65,24 **Blockwart:** Parteiamt in der NSDAP (eigentlich: Blockleiter); zuständig für die Aufsicht über einen Häuserblock in der Zeit des Nationalsozialismus. Vgl. Anm. zu 68,14.

65,25 **Katasteramt:** Amt, das über alle Grundstücke eines Bezirks Buch führt.

66,21 **Napoleon:** Napoleon Bonaparte (1769–1821), französischer General und Kaiser.

67,1 **Blohm und Voss:** 1877 gegründete Schiffswerft mit Hauptsitz in Hamburg.

67,2 **KPD:** Abkürzung für: Kommunistische Partei Deutschlands, die die Etablierung des Kommunismus in Deutschland zum Ziel hatte, 1933 verboten.

67,17 **Spökenkieker:** norddeutsch für Hellseher oder Geisterseher.

67,26 **Wiedergänger:** Geist, Gespenst.

68,8 **Helling:** Fläche, auf der ein Schiff beim Stapellauf zu Wasser gelassen wird.

68,14 **NSDAP:** Abkürzung für: Nationalsozialistische Deutsche Arbeiterpartei. 1919 gegründete antisemitische und antidemokratische Partei unter der Führung von Adolf Hitler. 1933–45 einzig zugelassene Partei, 1945 verboten.

68,29 **Synagogen:** Versammlungs- und Gotteshäuser der jüdischen Gemeinde.

68,30 **Kommunisten:** Anhänger des Kommunismus, einer politischen Strömung, deren grundlegende Idee die Abschaffung allen Privateigentums und die Bildung einer Gütergemeinschaft ist.

69,15 **Kinderlandverschickungen:** Aufgrund der ständigen Gefahr von Bombenangriffen und einer knappen Versorgungslage in den Städten wurden während des Zweiten Weltkriegs ca. 2,5 Millionen Kinder in Lager auf dem Land umgesiedelt.

72,8 **Homer:** griechischer Dichter, mutmaßlicher Autor der *Ilias* und der *Odyssee* (um 750 v. Chr.).

72,13 **Himmel und Hölle:** Hüpfspiel für Kinder.

73,1 **die alliierten Truppen:** die Truppen der im Zweiten Weltkrieg gegen Deutschland verbündeten Großmächte USA, Sowjetunion, Großbritannien und Frankreich.

75,11 **indifferenten:** unspezifischen.

76,9 **Klüverrackring:** Ring, der am Klüverbaum (einziehbares Rundholz, das über den Bug eines Segelschiffes herausragt) angebracht ist und an dem das Segel (Klüver) befestigt wird.

81,2 **Tauchsieder:** elektrisches Gerät zum Erhitzen von Wasser.

81,19 **Nasi Goreng:** indonesisches Reisgericht.

82,19 **Reede:** Ankerplatz für Schiffe, meist vor einem Hafen gelegen.

87,4 f. **Normalnull:** früher gebräuchliche Bezeichnung für den theoretischen Punkt, der als amtliche Bezugshöhe genutzt wurde, umgangssprachlich für: von Meereshöhe an gerechnet.

87,11 **Posaunen von Jericho:** Jericho-Trompeten bezeichneten im Zweiten Weltkrieg an Sturzkampfflugzeugen angebrachte Sirenen zur Einschüchterung des Gegners. Nach dem biblischen Buch Josua hat der Klang von Blasinstrumenten den Einsturz der Stadtmauer und damit den Fall Jerichos verursacht.

88,2 **Sperrstunden:** Uhrzeit, zu der in Gaststätten kein Betrieb erlaubt ist.

88,4 **Henkelmann:** Blechbehälter zur Aufbewahrung von Essen.

88,5 **Tausendjährige Reich:** alternative Bezeichnung für das Dritte Reich.

88,11 **Bajonett:** auf das Gewehr aufsetzbare scharfe Klinge.

88,13 **Karl Muck:** deutscher Dirigent (1859–1940).

92,18 **Greinen:** Weinen, Jammern.

93,6 **Himmler:** Heinrich Himmler (1900–1945), Politiker der NSDAP, der während des Zweiten Weltkriegs hohe Machtpositionen innehatte; verantwortlich unter anderem für die Geheime Staatspolizei, die KZs und die Vernichtungslager des Holocaust.

93,8 **Separatfrieden:** Friedensschluss zweier gegnerischer Parteien ohne die Absprache mit den Verbündeten.

93,11 **Camels:** US-amerikanische Zigarettenmarke.

93,18 **Churchill:** Winston Churchill (1874–1965), führte als Premierminister Großbritannien durch den Zweiten Weltkrieg.

94,15 **tuffte:** hier: tippte.

95,5 **BRT:** Abkürzung für Bruttoregistertonne, ein mittlerweile veraltetes Raummaß für Containerschiffe.

95,6 **Eichenlaub:** Ähnlich wie der Lorbeerzweig gilt das Eichenlaub als Symbol der Ehre und der Auszeichnung.

Es findet sich auf zahlreichen Orden, Münzen und Denkmälern.

95,7 **Les Préludes:** Berühmtes Musikstück für Orchester des österreichisch-ungarischen Komponisten Franz Liszt (1811–1886). Das Hauptthema des Stückes wurde während des Zweiten Weltkrieges als Erkennungsmelodie für den Wehrmachtbericht im Radio verwendet.

95,28 **V2:** Abkürzung für Vergeltungswaffe 2, Bezeichnung für die »Aggregat 4«, eine Rakete mit großer Reichweite, die im Zweiten Weltkrieg ab 1944 zum Einsatz kam. Erste Rakete, die die Grenze zum Weltraum durchstieß.

95,28 f. **Downing Street:** Straße in London, auf der sich die Amts- und Wohnsitze des Premierministers und des Schatzkanzlers befinden.

95,30 **Roosevelt:** Franklin D. Roosevelt (1882–1945), zwischen 1933 und 1945 Präsident der Vereinigten Staaten.

95,31 **Truman:** Harry S. Truman (1884–1972), nach Roosevelt bis 1953 Präsident der Vereinigten Staaten.

99,8 **Trampgang:** Großer Trampgang, Straße in Hamburg.

99,11 **Loeser & Wolf:** Loeser & Wolff; deutsche Tabakwarenfabrik, die bis 1937 in jüdischem Besitz war.

99,11 **Havannas:** kubanische Zigarren.

99,21 **Macker:** niederdeutsch für Kamerad oder Mitarbeiter; umgangssprachlich bezeichnet der Begriff einen Mann, der sich übertrieben männlich und machohaft gibt. Hier wird der Begriff in seiner ursprünglichen Bedeutung verwendet.

99,29 **Kümo:** Abkürzung für Küstenmotorschiff.

100,5 **Ewern:** kleine Küstensegelschiffe.

100,11 **Knööv:** plattdeutsch für körperliche Kraft.

100,15 **Treck:** trecken: plattdeutsch für ziehen.

100,28 **Grog:** alkoholisches Getränk, bestehend aus Rum und heißem Wasser.

101,2 **Varieté:** Theaterbühne mit abwechslungsreichem Programm, bestehend aus akrobatischen, artistischen, tänzerischen und musikalischen Darbietungen.

103,4 **Mutterkreuzes:** Das »Ehrenkreuz der Deutschen Mutter« wurde 1938 von der NSDAP gestiftet und galt für Frauen als Pendant zum Eisernen Kreuz der Soldaten.

103,8 **resolute:** energische, bestimmte.

104,31 **Kruppe:** Fachbegriff für das Hinterteil des Pferdes.

106,1 **Barett:** Kopfbedeckung, Teil der Uniform.

106,11 **Tornister:** auf dem Rücken getragenes Gepäckstück von Soldaten.

106,20 **Knobelbecher:** schwere Kampfstiefel von Soldaten.

107,9 **Dohle:** Singvogel.

109,21 **Sozi:** umgangssprachliche Abkürzung für einen Anhänger des Sozialismus oder einen Sozialdemokraten.

110,24 **Pazifisten:** Kriegsgegner.

111,29 **Ethnologe:** Völkerkundler.

112,2 **tamilischen:** Die Tamilen sind ein in Indien und Sri Lanka verbreitetes Volk.

112,9 **Rationalist:** jemand, der sich auf seine Vernunft beruft.

112,12 **Aphrodisiaka:** Mittel zur Stimulierung der Libido.

112,15 **Zibetkatze:** in Afrika, Süd- und Südostindien verbreitetes kleines Raubtier.

114,10 **SA:** Abkürzung für Sturmabteilung, Kampftruppe der NSDAP.

114,14 **Landser:** Im Zweiten Weltkrieg eine umgangssprachliche Bezeichnung für einfache deutsche Soldaten.

114,21 **Breeches:** Hose, die an den Oberschenkeln weit genäht ist, unterhalb des Knies aber eng anliegt. Typische Uniformhose während des Zweiten Weltkriegs.

114,21 **Langschäftern:** Langschäfter: Stiefel mit langem Schaft.

114,26 f. **braunen Würsteln:** Gemeint sind Nazis.

115,7 **Familie der Itzigs:** jüdische Familie aus Preußen.

115,13 f. **Internierungslager:** hier: Haftanstalten (z. B. ehemalige Konzentrations- oder Kriegsgefangenenlager), in denen im Nachkriegsdeutschland ehemalige Funktionäre der NSDAP und Kriegsverbrecher eingesperrt wurden.

115,23 **stilisierte:** nur in wesentlichen Grundzügen dargestellte.

116,8 f. **mit dem J gestempelten Paß:** Ein rotes J im Pass kennzeichnete den Inhaber als Juden.

116,18 **fraternisiert:** verbrüdert, angefreundet.

116,24 **Players:** britische Zigaretten.

117,3 **Montgomery:** Bernard Montgomery (1887–1976), britischer Heerführer im Zweiten Weltkrieg, Sieger über Rommels Afrikakorps (s. Anm. zu 45,29).

117,4 **Roten Armee:** Die Rote Arbeiter- und Bauernarmee bezeichnete das Heer der Sowjetunion.

117,4 f. **Eisenhower:** Dwight D. Eisenhower (1890–1969) war während des Zweiten Weltkriegs Oberbefehlshaber über die alliierten Truppen und 1953–61 Präsident der Vereinigten Staaten.

117,16 **Iwan:** umgangssprachlich für einen einfachen russischen Soldaten.

118,31 **Peloton:** kleine Truppeneinheit von Fußsoldaten; ein Hinrichtungspeloton bezeichnet ein Erschießungskommando.

120,12 f. **Thyssen und Krupp:** deutsches Stahl- und Rüstungsunternehmen.

120,16 **Horst Wessel:** Horst Ludwig Wessel (1907–1930), Sturmführer der SA, der nach der Ermordung durch ein KPD-Mitglied von der NSDAP zum Märtyrer erhoben wurde.

120,21 **Morphinisten:** Morphiumsüchtiger.

121,19 **Idealisten:** Schwärmer.

122,29 **Liberty-Schiffe:** Stückgutschiffe, die 1941–45 gebaut wurden, um die durch den U-Boot-Krieg verursachten Verluste auf Seiten der Alliierten auszugleichen.

123,13 **Nektar und Ambrosia:** Trank und Speise der Götter.

123,26 **konsistent:** fest, stabil.

126,14 **Exhibitionist:** jemand, der es als sexuell erregend empfindet, von fremden Personen nackt gesehen zu werden.

127,15 **General Hoth:** Hermann Hoth (1885–1971), deutscher Heeresoffizier.

129,19 **GI:** Bezeichnung für einen einfachen amerikanischen Soldaten.

129,21 **kyrillischer Schrift:** Buchstabenschrift vieler slawischer Sprachen.

130,15 **Kettenhund:** soldatensprachlich für: Feldgendarm, in Anspielung auf die zur Uniform gehörende metallene Plakette mit der Aufschrift »Feldgendarmerie«, die an einer Kette um den Hals getragen wurde.

131,6 **Peekhaken:** Bootshaken zum Heranziehen des Bootes an die Anlegestelle oder zum Herausfischen von Gegenständen aus dem Wasser.

132,28 **Amnestie:** Begnadigung, Straferlass.

134,4 f. **Hindenburglicht:** Notbeleuchtung, bestehend aus einer flachen, mit Fett gefüllten Pappschale und einem Docht.

134,7 **Klüten:** norddeutsch für Klumpen.

136,7 **lurigem:** schlappem, müdem.

136,20 **Freud:** Sigmund Freud (1856–1939), österreichischer Tiefenpsychologe, der vor allem als Begründer der Psychoanalyse bekannt wurde.

136,20 **Schwerblütigkeit:** Melancholie, Trübsinn.

138,1 **Me 163:** Raketenflugzeug der Firma Messerschmitt, in den 1940er Jahren entwickelt.

140,10 **Sueben:** Stammesgruppe germanischer Völker.

140,16 **Tschakos:** Tschako: helmartige, vorwiegend militärische Kopfbedeckung.

141,17 **Unterschleif:** veraltet für Unterschlagung, Hinterziehung.

141,23 **perfide:** hinterlistig, niederträchtig.

141,23 **Albion:** antiker Name für Großbritannien.

141,23 **Plutokraten:** jemand, der seine politische Macht durch seinen Reichtum erlangt hat.

143,5 **Irish Stew:** traditioneller irischer Eintopf mit Hammelfleisch.

146,12 **KZs:** Abkürzung für Konzentrationslager.

146,19 **apathisch:** teilnahmslos.

147,24 f. **Fieseler Storch:** Propellerflugzeug.

148,16 **Joseph Herz:** Joseph Hertz (1872–1946), Oberrabbiner des Commonwealth.

149,24 **muulschem:** muulsch; plattdeutsch für maulig.

151,30 **Entnazifizierung:** Befreiung Deutschlands von den Einflüssen des Nationalsozialismus durch standardisierte Verfahren der Siegermächte nach 1945.

152,25 **Ball Paradox:** Tanzveranstaltung, bei der die Frauen die Männer auffordern.

152,31 **obstinat:** eigensinnig, unbelehrbar, starrsinnig.

157,1 **Landpomeranzen:** Hinterwäldlern, Landeiern; abwertend für vom Land stammende, nicht allzu gebildete Frauen.

160,6 **Kloake:** Abwasserkanal.

160,6 **Mennige:** Rostschutzfarbe.

161,8 **auf Pump:** umgangssprachlich: mit geliehenem Geld.

161,19 f. **Bücklinge:** gesalzene und geräucherte Heringe.

161,20 **Demijohn:** Glasballon, Getränkebehältnis aus Glas.

161,27 **Chesterfield:** US-amerikanische Zigarettenmarke.

162,3 **Reichsmark:** offizielle Währung im Deutschen Reich.

162,13 f. **anarchischen:** gesetzlosen, regellosen.

162,29 f. **Schiffspersenning:** wasserfeste Abdeckung.

163,21 **Wurstsotto:** Wurst-Otto: zylindrischer Wärmebehälter für Würste.

166,1 f. **Am Brunnen vor dem Tore:** erster Vers eines deutschen Volksliedes.

166,11 **Hakenkreuz:** Kennzeichen der NSDAP und zentraler Bestandteil der Flagge des Deutschen Reiches 1933–45.

168,3 **Picasso:** Pablo Picasso (1881–1973), spanischer Maler und Bildhauer.

168,4 **Braque:** Georges Braque (1882–1963), französischer Maler und Bildhauer, gemeinsam mit Picasso Begründer der Epoche des Kubismus.

169,16 **Levade:** Lektion der klassischen Reitkunst, bei der das Pferd sein Gewicht auf die gebeugten Hinterbeine verlagert und sich dann mit angewinkelten Vorderbeinen aufrichtet.

169,21 **Reparationsgut:** vom Verlierer zu zahlende Entschädigung für Kriegsschäden.

170,4 **Kubus:** Würfel.

170,22 **Albino:** Mensch oder Tier mit angeborener Pigmentstörung, die zu heller Haut-, Augen- und Haarfarbe führt.

172,1 **Persianermantel:** Mantel aus dem Fell eines neugeborenen Karakulschafs.

172,2 **Dreispitzes:** Dreispitz: Hut mit dreiteiliger, nach oben geklappter Krempe.

172,9 **Wamme:** im Kürschnergewerbe: Bauchseite bei Pelztieren.

172,9 **Schweife:** im Kürschnergewerbe: dicht behaarter Fellschwanz.

173,10 **Kürschner:** Handwerker, der Tierfelle und Pelze verarbeitet.

173,12 f. **juchtenledernen:** festes, stark riechendes Rindsleder.

173,19 **Alp:** mythisches Wesen, Alptraum.

175,30 **changierende:** wechselnde, variierende.

177,4 **Mannequin:** Model.

181,14 f. **Ali Baba und die vierzig Räuber:** Titel einer Geschichte aus der morgenländischen Geschichtensammlung *Tausendundeine Nacht.*

181,15 **Rose von Stambul:** dreiaktige Operette, die in Konstantinopel (Türkei) und der Schweiz spielt.

183,10 f. **Perrier-Jungs:** Perrier: französisches Mineralwasser. Hier vermutlich eine Bezeichnung für vornehme junge Männer.

183,15 **King Lear:** berühmte Tragödie von William Shakespeare. Die Handlung geht zurück auf die Sage von König Leir, einem legendären König Britanniens. König Lear führt in Shakespeares Stück durch einen Fehler seinen Untergang selbst herbei.

184,14 **Borsalino:** eleganter Herrenhut und zugleich auch der Name seines Herstellers.

187,14 **Kapriole:** Lektion der klassischen Reitkunst, bei der das Pferd nach vorne oben springt und in der Luft mit den Hinterbeinen ausschlägt.

187,14 **Kalypso:** in der griechischen Mythologie eine Meeresnymphe, die Odysseus liebt und ihn sieben Jahre auf ihrer Insel festhält.

187,14 **Eichkatz:** Eichhörnchen.

# 10. Prüfungsaufgaben mit Lösungshinweisen

## 10.1 Innerer Monolog Bremers

### Aufgabe:

> »Da, es war das erste, das einzige Mal, schrie sie ihn an: Nein. Die Stadt ist im Arsch! Schon längst. Platt. Verstehste. Nix. Gauleiter Handke abgehauen. Mit nem Fieseler Storch. Ein großes Schwein, wie dieser Dr. Fröhlich ein kleines Schwein ist. Alles Schweine. Jeder in Uniform is n Schwein. Du mit deinem dämlichen Kriegsspiel. Der Krieg ist aus. Verstehste, aus. Längst. Aus. Vorbei. Futschikato. Wir haben ihn verloren, total. Gott sei Dank.« (147)

Versetzen Sie sich in Hermann Bremer und schreiben Sie in Form eines inneren Monologs auf, welche Gedanken ihm durch den Kopf gehen, als er erfährt, dass Lena Brücker ihm das Kriegsende verheimlicht hat.

### Lösungshinweise:

**1. Anforderungen an den inneren Monolog allgemein:**

Der innere Monolog ist eine spezielle Form der **Figurenrede**, die dem Leser oder Zuschauer Einblicke in die Gedanken und Gefühle des Protagonisten in einer bestimmten Situation gewährt. Verfasst wird der innere Monolog im **Präsens** und in der ersten Person (**Ich-Form**).

Wie bei allen gestaltenden Interpretationsformen muss der innere Monolog zur Situation passen, in der sich die Figur befindet. Ängste, Sorgen, Befürchtungen, Hoffnungen – die **psychische Verfassung der Figur** soll sich in der Art der Gedanken und Gedankengänge widerspiegeln. Wie bei »echten« Gedanken kommt es vor, dass die Figur einzelne Details mehrmals wiederholt oder plötzlich zu einem ganz anderen Gedanken springt. Unvollständige, gebrochene Teilsätze sind daher typisch für den inneren Monolog. Genauso kann es sein, dass ein Gedanke abgelenkt oder ganz abgebrochen wird. Durch Punkte oder Gedankenstriche werden solche Stellen im Text kenntlich gemacht. Als direkte Figurenrede wird der innere Monolog nicht durch eine Erzählinstanz strukturiert. Das bedeutet, dass die **Gedanken ungefiltert, detailliert und direkt** wiedergegeben werden.

Die ausgedrückten Gedanken und Gefühle müssen aus dem Text heraus nachvollziehbar sein, auch ist es wichtig, **konkrete Textbezüge** in den inneren Monolog einzubauen. Es handelt sich hierbei nicht um eine kreative Schreibmethode, sondern um eine gestalterische Form der Interpretation einer Schlüsselstelle des zugrundeliegenden Textes.

**2. Inhaltlich wichtige Aspekte:**

• **möglicher Einstieg:** Es könnte einige Momente brauchen, bis das eben Gehörte in Bremers Bewusstsein sickert. Unverständnis, Ungläubigkeit, Verwirrung … sollte sich in seinen Gedanken spiegeln.

- **nach erstem Schock:** Wechselbad der Gefühle – Wut auf Lena Brücker, Erleichterung, der »Gefangenschaft« entkommen zu können, Sorge um die Zukunft – all dies ist plausibel.
- **äußere Reaktion,** wie sie im Text beschrieben ist: Er bleibt im Gegensatz zu der Streitsituation in Kapitel 5 äußerlich ruhig: »Er stand da, wie soll ich sagen, guckte mich an, nicht entsetzt, auch nicht mal fragend, nein, dösig« (147). Vermutlich fühlt er sich zunächst von dieser Mitteilung wie erschlagen, gelähmt. Auch die Tatsache, dass Lena Brücker nach ihrer Rückkehr in die Wohnung seine säuberlich gebürstete Uniform ordentlich im Schrank hängend vorfindet (vgl. 149), lässt darauf schließen, dass er sein Versteck nicht in einem Tobsuchtsanfall verlassen hat.
- **innere Reaktion:** Er ist wohl schwer getroffen, denn er geht, ohne ein Wort des Abschieds zu hinterlassen, und das, obwohl er Lena Brücker durchaus viel zu verdanken hat. Das Gefühl, in eine Falle geraten zu sein (vgl. 118), hat sich für ihn nun bestätigt.
- **spätere Gedanken:** Der dringende Wunsch nach näheren Informationen – von Lena Brücker erfährt er ja nicht viel mehr, als dass die Stadt »im Arsch« (147) sei und der Krieg vorbei –, der ihn die letzten Wochen beherrscht hat, könnte nach dem ersten Schock wieder aufkeimen. Offene, lose aneinandergereihte Fragen, die ihm durch den Kopf schießen, könnten glaubwürdig in seine Gedanken eingebaut werden.
- **offene Punkte:** Es ist unklar, ob er den dringenden Wunsch verspürt, so schnell wie möglich zu seiner

Familie zu kommen. Seinen kleinen Sohn empfand er während seines kurzen Heimaturlaubes eher als störend. Seine Eifersucht auf die viele Zeit, die seine Frau dem Kind widmete (vgl. 74), könnte als Hinweis darauf gesehen werden, dass er sich wünscht, wieder zu seiner Frau zurückzukehren. Sonstige Einblicke in seine Gedanken, ob er seine Frau vermisst oder warum er sie vor Lena Brücker verleugnet, gibt es im Text jedoch nicht.

- **Reflexion über Lena Brücker:** Er wird sich fragen, welche Beweggründe Lena Brücker für ihr Handeln gehabt haben könnte, warum sie ihn auf Socken in der Wohnung umherschleichen ließ, ständig in der Sorge, entdeckt zu werden, obwohl er schon längst in Sicherheit war. Dabei könnte er sich an die Vorwürfe zurückerinnern, die er Lena Brücker im Zuge ihres Streits gemacht hat, zum Beispiel, dass sie ihm Zugang zu Informationen verschaffen könnte, wenn sie nur wollte (vgl. 129 f.). Was er nicht weiß, ist, dass Lena Brücker das Foto seiner Frau gefunden hat, aber er könnte mutmaßen, dass sie ihn als jungen Burschen, der ihr Gesellschaft in Küche und Bett war, nicht gehen lassen wollte, um nicht wieder allein zu sein.

- **mögliches Ende:** Bei ihrer Wiederbegegnung ein paar Jahre später ist von Zorn nichts zu spüren. Im Gegenteil, er denkt sogar fast wehmütig an die Zeit in Lena Brückers Wohnung zurück (vgl. 183). Es ist wohl angesichts der angespannten, für ihn existentiell bedrohenden Situation nicht realistisch, dass er schon von Beginn an so empfindet, aber der Wunsch danach könnte am Ende stehen.

## 10.2 Literarische Charakteristik Lena Brücker

**Aufgabe:**

Charakterisieren sie die Figur der Lena Brücker.

**Lösungshinweise:**

### 1. Anforderungen an eine literarische Charakteristik allgemein:

In einer literarischen Charakteristik wird eine Figur eines literarischen Textes genau beschrieben und untersucht, um ihren **Charakter** und ihre **Funktion** innerhalb der Handlung verstehen, deuten und schließlich bewerten zu können.

Grundsätzlich wird zwischen einer **direkten Charakterisierung**, die durch Beschreibungen der Figur durch den Erzähler, andere Figuren oder die Figur selbst zustande kommt, und einer **indirekten Charakterisierung**, die beispielsweise durch das Verhalten oder bestimmte Gedanken der Figur Rückschlüsse auf ihren Charakter zulässt, unterschieden.

In der Regel beginnt man eine Charakterisierung mit den **äußeren**, den augenscheinlichen Eigenschaften und Merkmalen einer Figur wie zum Beispiel Geschlecht, Alter, Aussehen, Beruf, Hobbys, soziale Stellung und Gewohnheiten. Vom Offensichtlichen arbeitet man sich zu den versteckteren, **inneren Eigenschaften** vor: Gefühle, Denkweisen, Einstellungen, Motive, Abneigungen, Sprache, Konfliktverhalten, Beziehung zu anderen Figuren und Entwicklung. Wichtig ist es, die charakterlichen »Graustufen« einer Figur aufzuspüren und nicht schlicht ihre positiven und negativen Eigenschaften einander gegenüberzustellen.

All diese Punkte werden im Hauptteil einer literarischen Charakteristik entfaltet. Zuvor muss natürlich eine Einleitung stehen, die z. B. den **Basissatz** (Autor, Titel, Erscheinungsjahr, Gattung, Thema, Stellenwert/Bedeutung der Figur) enthält. Abgerundet wird die literarische Charakteristik durch einen **Schlussteil**, der eine persönliche, begründete **Wertung** der Figur enthalten sollte.

Alle Aussagen müssen am Text **belegt** werden.

### 2. Inhaltlich wichtige Aspekte:

Eine detaillierte Beschreibung der Figur der Lena Brücker findet sich in Kapitel 3. Besonders wichtige Stichworte sind hier nochmals aufgeführt.

### Äußeres:
- Hauptfigur der Novelle
- **junge Frau Brücker:** 1945  43 Jahre alt (vgl. 34), verheiratet, zwei Kinder: Tochter Edith, 20 Jahre alt, Sohn Jürgen, 16 Jahre alt (vgl. 32)
- blond, gute Figur (vgl. 75)
- gelernte Täschnerin, arbeitet nach der Lehre aber als Serviererin, lernt dabei ihren zukünftigen Ehemann Gary kennen
- während des Krieges dienstverpflichtet in die Kantine einer Lebensmittelbehörde, zunächst zuständig für die Abrechnung, dann kommissarische Leiterin (vgl. 33)

- ihr Mann ist seit fast sechs Jahren im Krieg, in dieser
  Zeit hat sie ein kurzes Verhältnis mit einem Arbeits-
  kollegen (vgl. 48 ff.), zudem gibt es Hinweise auf eine
  weitere Männerbekanntschaft (vgl. 75)
- geht ein Verhältnis mit dem 19 Jahre jüngeren Soldaten
  Hermann Bremer ein
- lebt alleine in einer Dachgeschosswohnung in der Brüderstraße in Hamburg
- ihr Vater war Sozialist und in der Gewerkschaft tätig
  (vgl. 109)
- baut sich in den ersten Nachkriegsjahren ihre eigene
  Imbissbude auf
- **alte Frau Brücke**r: 86 Jahre alt (vgl. 90)
- lebt in einem Altersheim in Hamburg-Harburg
- mittlerweile blind (vgl. 13 f.)
- strahlt trotz ihres hohen Alters und ihrer Gebrechlich-
  keit immer noch »Zähigkeit« und »Kraft« (185) aus.

**Inneres:**
- hilfsbereit und couragiert (nimmt Bremer trotz Gefahr
  bei sich auf)
- hat nichts mit dem Krieg »am Hut« (128)
- nimmt zwar nicht aktiv am Widerstand gegen das Na-
  zi-Regime teil, ist aber der Ansicht, es sei »ja das Kleine,
  was die Großen stolpern« (102) lasse
- verweigert Lammers den Hitlergruß und lässt sich immer wieder zu renitenten Bemerkungen hinreißen,
  wie aus den Akten der Gestapo hervorgeht (vgl. 120 f.)
- einfallsreich: sowohl beim Kochen mit wenigen Zutaten (vgl. 25) als auch beim Ringtausch (vgl. 166 ff.)

oder dem vorhergehenden Umschneidern der Uniform Bremers zu einem Kostüm (vgl. 165 f.)

- emanzipiert: wirft ihren Mann raus und sorgt alleine für Kinder und Enkel, steht nach dem Krieg wirtschaftlich auf eigenen Füßen (Imbissbude)
- in moralischer Hinsicht ein gemischter Charakter, da sie Bremer einerseits mutmaßlich das Leben rettet, ihm andererseits aber das Kriegsende verschweigt, um ihn noch eine Weile bei sich behalten zu können; ihre Lüge rechtfertigt sie mit seiner Unaufrichtigkeit seine Ehe betreffend (vgl. 91), hier zeigt sich, dass sie nicht nur selbstlos, sondern auch egoistisch handelt (vgl. auch die rückblickende Bewertung ihres Handelns 128).

## 10.3 Analyse einer Textstelle und eigene Stellungnahme

**Aufgabe:**

Textstelle: S. 88 »Aber dann, am Karl-Muck Platz …« bis S. 91 »Ich denk, ich hab was verschwiegen, und er hat was verschwiegen: seine Frau und sein Kind.«

Untersuchen Sie anhand der vorliegenden Textstelle Lena Brückers Einstellung zu Wahrheit und Lüge. Ordnen Sie die Textstelle zunächst in den Gesamtzusammenhang der Handlung ein und fassen Sie ihren Inhalt kurz zusammen.
Nehmen Sie abschließend differenziert Stellung zu Lena Brückers Haltung und ihrem Handeln.

### Lösungshinweise:

**1. Anforderungen an die Analyse einer Textstelle allgemein:**

Nach der üblichen Einleitung (z.B. dem **Basissatz**, s. S.137) geht es bei einem solchen Aufgabentyp 1. darum, **das Wesentliche vor und nach der relevanten Textstelle** zu erfassen und kurz wiederzugeben. Es gilt all das anzuführen, was für das Verständnis der Textstelle nötig und wichtig ist. Es geht also nicht darum, den gesamten Inhalt des Werkes zu referieren, sondern der Fokus liegt auf den Handlungssträngen, die in **direktem Zusammenhang** mit der zu analysierenden Textstelle stehen – ihr vorausgehen und sie somit erst ermöglichen und ihr nachfolgen, also aus ihr resultieren. Die **Inhaltsangabe** der Textstelle kann in die Einordnung integriert werden oder dieser nachfolgen.

2. Anschließend wird die zu analysierende Textstelle genau unter die Lupe genommen. Die einzelnen **Figuren** werden ebenso untersucht wie ihre **Beziehung** zueinander. Es kommt darauf an, **Beweggründe und Motive** für ihr Handeln aufzuspüren und am Text nachzuweisen. Neben dem **Inhalt** der Textstelle werden auch **strukturelle und formale Elemente** wie Aufbau, Spannungsbogen, Höhe- und Wendepunkte, Erzählperspektive, zeitliche Gestaltung, Sprache, Satzbau und Stilmittel untersucht. All dies kann **linear** (der Reihenfolge des Textes folgend) oder **aspektgeleitet** (am von der Aufgabenstellung geforderten Deutungsschwerpunkt ausgerichtet) erfolgen.

Zum Schluss werden die Ergebnisse nochmals kurz

**zusammengefasst** und in einen größeren Zusammenhang eingeordnet. Sofern in der Aufgabenstellung verlangt, erfolgt an dieser Stelle auch eine persönliche **Bewertung**, die stets begründet werden muss.

### 2. Wichtige Aspekte für die konkrete Aufgabenstellung:

Grundlage dieser Aufgabenstellung ist das Kapitel 6.2 (Lügen und Erzählen). Lösungsvorschlag:

»Lena Brücker hat unmittelbar vor dem Einsetzen der Textstelle durch eine Radiodurchsage in der Kantine vom Ende des Krieges in Hamburg erfahren. Auf dem Nachhauseweg malt sie sich nun aus, wie Bremer auf diese Neuigkeiten reagieren wird. Ihre Vorstellungen sind sehr konkret und werden lose aufzählend aneinandergereiht: ›Er wird [...] erst stutzen, er wird dann, wenn er sitzt, aufstehen, wenn er steht, wird er die Hände heben, sein Gesicht wird sich verändern, die Augen, diese hellgrauen Augen, werden dunkler werden [...]‹ (88). Sie hört in ihrem Kopf schon seinen typischen Ausruf ›tosca‹ (ebd.) und sieht seine kindliche Freude genau vor sich. Es ist ihr klar, dass er sie so bald wie möglich verlassen wird, und sie begegnet diesem schmerzvollen Gedanken zunächst mit der Feststellung ›Das ist, wie es ist‹ (89) und scheint sich dem nahen Abschied zu fügen. Aber ihre Gedanken schlagen eine andere Richtung ein, als sie realisiert, dass damit in ihrem Leben ›etwas endgültig zu Ende‹ gehen wird (ebd.). Es überkommt sie die Gewissheit, nach Bremers Fortgang alt zu sein (vgl. ebd.). Ihre zunächst ruhige Stimmung weicht einer Unruhe und Wut. Sie spinnt die

Geschichte weiter, indem sie sich vorstellt, dass Bremer im Anzug ihres Mannes fortgehen würde und diesen später zurückschicken müsste.

An dieser Stelle offenbart Lena Brücker den für sie naheliegenden Zusammenhang zwischen der Kunst des Erzählens und der Kunst des glaubwürdigen Lügens. Sie traut Bremer keine elegante Lügengeschichte zur Herkunft des Anzuges und seinem Aufenthalt der letzten Tage zu. ›Er kann nicht gut lügen, weil er nicht gut erzählen kann‹ (ebd.). Ihr Mann hingegen ›konnte lügen, weil er wunderbar erzählen konnte‹ (ebd.). Hier wird also etwas Positives, die Fähigkeit des mitreißenden, unterhaltenden Erzählens, mit etwas verknüpft, das meist als moralisch falsch angesehen wird. Dies kann als erster Hinweis auf Lena Brückers Einstellung zur Lüge gesehen werden.

Ihre Fixierung auf den Gedanken an das Paket, in welchem Bremer den Anzug zurückschicken würde, eine Vorstellung, die sie hasst (vgl. 90), lässt sie nur die halbe Wahrheit sagen, als sie schließlich zu Hause ankommt. Die Stelle nimmt in der Novelle eine wichtige Funktion ein, denn sie markiert einen gravierenden Wendepunkt. Wie die Peripetie im klassischen Drama im dritten Akt, also in der Mitte des Stückes stattfindet, so findet sich auch diese Textstelle fast genau in der Mitte der Novelle – nicht nur im vierten Kapitel von insgesamt sieben, sondern auch die Seitenzahlen betreffend (90 von 187). Die starke und absolute Wirkung dieser Passage wird durch den parataktischen Satzbau unterstrichen: ›Sie schloß die Tür auf, rief nicht: In Hamburg ist der Krieg aus. Schluß. Aus und vorbei. Sie sagte nur: Hitler ist tot‹ (90).

Nachdem die Chance endgültig vertan ist, doch noch die Wahrheit zu sagen, schwenkt die Erzählung über zur Gegenwart im Altersheim. Frau Brücker kommt darauf zu sprechen, dass Bremer ein guter Liebhaber gewesen sei, und der Erzähler fragt näher nach. Dieser Einschub verdeutlicht nochmals, warum Lena Brücker Bremer damals noch nicht gehen lassen wollte – sie genoss seine Gegenwart.

Die Antwort auf die Frage nach ihrem Gewissen zeigt, dass Frau Brücker in Bezug auf das Verhältnis von Wahrheit und Lüge eine pragmatische Haltung einnimmt. Sie ist nicht der Meinung, dass immer grundsätzlich die Wahrheit ausgesprochen werden muss. Zum einen differenziert sie an dieser Stelle zwischen Lügen und Schwindeln, zuvor hat sie außerdem das Verschweigen vom Lügen abgegrenzt (›er hat mich nicht direkt belogen, er hat mir nur nicht gesagt, daß er verheiratet ist‹; 90), zum anderen widerspricht sie der Meinung ihrer Mutter, dass Lügen die Seele krank machen würden: ›[m]anchmal macht das Lügen auch gesund‹ (91). Diese Aussage impliziert, dass es für Lena Brücker auch positive Lügen gibt. Obwohl sie angibt, nie gerne gelogen zu haben, gibt sie doch zu, zwischenzeitlich Spaß an der Situation gehabt zu haben (vgl. ebd.). Sie rechtfertigt ihr Handeln, indem sie ihr Verschweigen (was sich später jedoch zu einer Lügengeschichte ausweiten wird, vgl. Kapitel 6.2) mit Bremers Verschweigen seiner Ehe gleichsetzt: ›Ich denk, ich hab was verschwiegen, und er hat was verschwiegen: seine Frau und sein Kind‹ (91). Der Faktor, der das Verschweigen von der Lüge trennt, ist das Erzählen. Wenn nichts erzählt wird, wird auch nicht gelogen. In der zuvor zitierten Aussage über Bremers Verhalten wird deutlich, dass sie das Verschweigen als weniger gravierend empfindet (›nur nicht gesagt‹; 90).«

Die abschließende Bewertung von Lena Brückers Einstellung zu Lüge und Wahrheit kann sehr verschieden ausfallen. Sie hängt auch vom eigenen Verhältnis zum Wahrheitsgebot ab und erfolgt auf der Grundlage der Kenntnis des gesamten Textes. Zu berücksichtigen ist in jedem Fall die Erzählperspektive: Es ist der Erzähler, der, auch wenn Lena Brücker in der Ich-Form spricht, auswählt, begradigt und kürzt (vgl. 16).

# 11. Literaturhinweise / Medienempfehlungen

## Bücher von Uwe Timm

Am Beispiel meines Bruders. München: Deutscher Taschenbuch Verlag, 2005.

Die Entdeckung der Currywurst. 21. Aufl. München: Deutscher Taschenbuch Verlag, 2016.

Erzählen und kein Ende. Versuche einer Ästhetik des Alltags. Köln: Kiepenheuer & Witsch, 1993.

Kopfjäger. München: Deutscher Taschenbuch Verlag, 2001.

Montaignes Turm. Köln: Kiepenheuer & Witsch, 2015.

Rennschwein Rudi Rüssel. 28. Aufl. München: Deutscher Taschenbuch Verlag, 2016.

## Biographie

Hielscher, Martin: Uwe Timm. München: Deutscher Taschenbuch Verlag, 2007.

## Sekundärliteratur zu Uwe Timm

Durzak, Manfred / Steinecke, Hartmut (Hrsg.): Die Archäologie der Wünsche. Studien zum Werk von Uwe Timm. Köln: Kiepenheuer & Witsch, 1995. [In Bezug auf *Die Entdeckung der Currywurst* sind die Beiträge von Steinecke: »Die Entdeckung der Currywurst oder die Madeleine der Alltagsästhetik«, S. 217–230, und Durzak: »Die Position des Autors. Ein Werkstattgespräch mit Uwe Timm«, S. 311–354, interessant.]

Malchow, Helga (Hrsg.): Der schöne Überfluß. Texte zu Leben und Werk von Uwe Timm. Köln: Kiepenheuer & Witsch, 2005. [Darin insbesondere der Beitrag von Meyer-Minnemann: »Die Anatomie des Erzählens und das Eintauchen in die Erinnerung«, S. 50–63.]

Marx, Friedhelm (Hrsg.): Erinnern, Vergessen, Erzählen. Beiträge zum Werk von Uwe Timm. Göttingen: Wallstein, 2007. [Darin besonders: Uwe Timm: »Mythos«, S. 13–20; Gockel: »Vom ästhetischen Nutzen der Currywurst«, S. 223–235; und Meier: »Kleist, Korsett und Currywurst. Spuren einer literarischen Anthropologie im Werk Uwe Timms«, S. 237–250.]

## Weiterführende Quellen

Autorenwebsite von Uwe Timm: www.uwe-timm.com

## Medienempfehlungen

Isabel Kreitz. Die Entdeckung der Currywurst. Nach einem Roman von Uwe Timm. Hamburg: Carlsen Verlag, 2005. [Comic.]

Uwe Timm: Die Entdeckung der Currywurst. Gelesen von Devid Striesow. München: Random House Audio, 2015. [Hörbuch.]

Die Entdeckung der Currywurst. Deutschland 2008. Regie Ulla Wagner. Buch: Ulla Wagner nach der Novelle von Uwe Timm. 106 min. Schwarz Weiss Filmverleih. [Verfilmung.]

# 12. Zentrale Begriffe und Definitionen

**Auktoriales Erzählverhalten:** ➤ Erzählperspektive.

**Binnenerzählung:** ➤ Rahmenstruktur.

**Dingsymbol:** ein Gegenstand (auch Tier oder Pflanze) als zentrales Element in einer Erzählung. Es hat Leitmotivcharakter (➤ Motiv) und taucht oft an den Wendepunkten der Erzählung auf. Ein Dingsymbol gilt als typisches Element der ➤ Novelle.

In der *Entdeckung der Currywurst* können das Reiterabzeichen Bremers und der entstehende Strickpullover Lena Brückers als Dingsymbole betrachtet werden.

➤ 60, 79 f., 81–84

**Er-/Sie-Erzähler:** ➤ Erzählperspektive.

**Erzählebenen:** ➤ Rahmenstruktur.

**Erzählperspektive:** Der Erzähler ist vom Autor zu unterscheiden. Er ist eine (fiktive) Figur, die vom (realen) Autor erfunden worden ist, um die Geschichte zu präsentieren. Bei der Untersuchung des Erzählers unterscheidet man verschiedene Aspekte: Zum einen wird zwischen dem Ich-Erzähler und dem Er-/Sie-Erzähler differenziert:

| Ich-Erzähler | • gehört der Figurenwelt an<br>• erzählt Geschichte, die er selbst erlebt hat |
| --- | --- |
| Er-/Sie-Erzähler | • Erzähler ist nicht Teil der Figurenwelt<br>• erzählt Geschichte, an der er selbst nicht beteiligt ist |

Bezüglich des Erzählverhaltens unterscheidet man zwischen dem neutralen, dem personalen und dem auktorialen Verhalten:

| neutrales Erzählverhalten | • Erzähler ist distanziert und objektiv, keine Wertungen und Einmischungen<br>• nur äußere Vorgänge dargestellt, Gedanken und Empfindungen von Figuren nur, soweit sie äußerlich erkennbar sind |
|---|---|
| personales Erzählverhalten | • Erzähler übernimmt die Sicht einer der handelnden Figuren<br>• Darstellung ist beschränkt darauf, was diese Figur wissen, sehen, hören oder fühlen kann |
| auktoriales Erzählverhalten | • Erzähler ist allwissend: kennt die Handlung, die Gedanken der Figuren<br>• bewertet und kommentiert<br>• greift mit Vorausdeutungen oder Rückblicken in das Geschehen ein und leitet den Leser |

In der *Entdeckung der Currywurst* erzählt ein Ich-Erzähler eine Geschichte, die er teilweise erlebt, zum größten Teil gehört und vereinzelt recherchiert hat. Mit der alten Frau Brücker kommt stellenweise eine zweite Ich-Erzählerin ins Spiel, die aber durch den Haupt-Erzähler überformt ist. Die Binnenhandlung wird hauptsächlich in der Er-/Sie-Form erzählt. An einigen Stellen agiert der Ich-Erzähler als auktorialer Erzähler, indem er in die Gedanken von Figuren blickt, die er erzähllogisch gar nicht kennen kann.
➤ S. 65 f.

**Ich-Erzähler:** ➤ Erzählperspektive.

**Motiv:** ein wiederkehrender inhaltlicher Baustein in der Erzählung, der ein bestimmtes Thema in die Handlung einbringt. Es gibt verschiedene Arten von Motiven. Das Leitmotiv beispielsweise bezeichnet ein Motiv, das einen besonders starken Einfluss auf den Text hat und sich wie eine Art roter Faden durch die Handlung zieht. Ein typisches, allseits bekanntes Märchenmotiv wäre das der »bösen Stiefmutter«. In der *Entdeckung der Currywurst* stellen die Anspielungen auf den Mythos der *Odyssee* ein besonders starkes Motiv dar. (Zu unterscheiden ist von diesem Gebrauch die psychologische Bedeutung des Wortes, die nach den Beweggründen der Handlung einer Figur fragt.)
➤ S. 76 f.

**Mythos:** griech., ›Erzählung‹; teils ursprünglich mündlich überlieferte Geschichten von Götter- und Heldentaten aus frühester Zeit. Zu den ältesten europäischen Mythen gehören Homers *Ilias* und *Odyssee*, in denen vom Trojanischen Krieg bzw. von der anschließenden abenteuerlichen Heimreise des Odysseus zurück nach Ithaka erzählt wird (um 750 v. Chr.). Stoffe und ➤ Motive aus Mythen werden bis heute immer wieder in literarischen Werken aufgegriffen, in der *Entdeckung der Currywurst* etwa die Mythen von Kalypso und Kirke.

**Neutrales Erzählverhalten:** ➤ Erzählperspektive.

**Novelle:** Prosaerzählung mittlerer Länge, die ein ungewöhnliches Ereignis entfaltet. Das Wort »Novelle« geht auf das italienische *novella* zurück, was ›kleine Neuigkeit‹ bedeutet. Im Gegensatz zu Märchen, Fabel oder Legende erzählt die Novelle ein reales oder zumindest real vorstellbares Ereignis mit einem zentralen Konflikt. Der Handlungsverlauf ist geradlinig und führt den Leser auf ein Ziel

zu. Der Aufbau mit einer gerafften Exposition und einem überraschenden Wendepunkt rückt die Novelle formal in die Nähe des Dramas. Weitere charakteristische Merkmale der Novelle sind Leitmotive (➤ Motiv), ➤ Dingsymbol und häufig eine ➤ Rahmenstruktur. Von der Kurzgeschichte unterscheidet sich die Novelle vor allem durch ihre geschlossene Form, vom Roman durch die Konzentration auf eine Haupthandlung und den Verzicht auf epische Breite.
➤ S. 56–62

**Parataxe:** Ein parataktischer Satzbau ist geprägt durch die Aneinanderreihung von Hauptsätzen, Wortgruppen oder Wörtern, die als gleichwertige Teile zu betrachten sind und durch nebenordnende Konjunktionen (z. B. »und«, »oder«) oder durch Kommas und Semikolons voneinander getrennt sind. Durch den Verzicht auf unterordnende Konjunktionen (z. B. »weil«, »obwohl«) erhält der parataktische Satzbau seinen Aufzählungscharakter. Das Gegenteil zur Parataxe ist die Hypotaxe, die einen verschachtelten, aus vielen Nebensätzen bestehenden Satzbau bezeichnet.
➤ S. 69

**Personales Erzählverhalten:** ➤ Erzählperspektive.

**Protagonist:** Hauptfigur eines literarischen Werkes. In *Die Entdeckung der Currywurst* ist Lena Brücker die Protagonistin. Sie ist die wichtigste Figur sowohl der Rahmen- als auch der Binnenerzählung (➤ Rahmenstruktur), ihre Lebensgeschichte ist es, die erzählt wird, und nebenbei ist sie natürlich auch die Entdeckerin der Currywurst.

**Rahmenerzählung:** ➤ Rahmenstruktur.

**Rahmenstruktur:** Die Binnenerzählung (Erzählebene 2) ist eine Erzählung, die in eine andere, die Rahmenerzählung (Erzählebene 1), eingelassen ist. Sie ist von dieser abhängig und wird von einer der Figuren erzählt oder aufgeschrieben. Es handelt sich also um eine Geschichte in der Geschichte. Die Gewichtung von Binnen- und Rahmenerzählung kann sehr unterschiedlich ausfallen. Oft haben ➤ Novellen eine Rahmenstruktur.

In der *Entdeckung der Currywurst* liegt eine zyklische Rahmenhandlung vor (die alte Frau Brücker erzählt im Altersheim, Erzähllebene 1), die die Binnenhandlung (ihre Erlebnisse am Ende des Zweiten Weltkriegs, Erzähllebene 2) nicht nur am Anfang und Ende einrahmt, sondern diese immer wieder durchbricht.

➤ S. 7, 60

**Symbol:** ein Zeichen, das auf etwas anderes als es selbst verweist, also etwas nicht direkt Wahrnehmbares veranschaulicht. Ein Symbol ist anschaulicher und bildkräftiger als ein Motiv. In ihm verdichtet sich eine Erfahrung oder ein Erlebnis, es steht stellvertretend für eine Idee. Manchmal sind Symbole mit einer eindeutigen Aussage verknüpft (»Herz«: Liebe; »weiße Taube«: Frieden), oft gibt es verschiedene Deutungsmöglichkeiten. Eine für die ➤ Novelle (auch für die *Entdeckung der Currywurst*) wichtige Sonderform ist das ➤ Dingsymbol.

➤ S. 76

**Wendepunkte:** Momente in der Erzählung, in denen ein plötzliches Umschlagen der Handlung eintritt; typisches Element der ➤ Novelle.

In der *Entdeckung der Currywurst* sind das insbesondere das Kriegsende 1945 in Hamburg (das Frau Brücker Bremer verschweigt) und die Nachricht von den KZ-Gräueln (die zur Offenlegung der tatsächlichen Lage gegenüber Bremer führt).

➤ S. 58, 60f.